高校德育成果文库

GaoXiao DeYu
ChengGuo WenKu

探索的足迹

北方工业大学学生工作文集 II

主　编：高国伟
副主编：孙宗瑞　杨嵩松

光明日报出版社

图书在版编目（CIP）数据

探索的足迹：北方工业大学学生工作文集．Ⅱ／高国伟主编．--北京：光明日报出版社，2023.5
　　ISBN 978-7-5194-7230-6

Ⅰ.①探… Ⅱ.①高… Ⅲ.①北方工业大学—大学生—工作—文集 Ⅳ.①G645.5-53

中国国家版本馆 CIP 数据核字（2023）第 089009 号

探索的足迹：北方工业大学学生工作文集．Ⅱ
TANSUO DE ZUJI: BEIFANG GONGYE DAXUE XUESHENG GONGZUO WENJI．Ⅱ

主　　编：高国伟	
责任编辑：王　娟	责任校对：郭思齐　李佳莹
封面设计：中联华文	责任印制：曹　净

出版发行：光明日报出版社
地　　址：北京市西城区永安路 106 号，100050
电　　话：010-63169890（咨询），010-63131930（邮购）
传　　真：010-63131930
网　　址：http://book.gmw.cn
E - mail：gmrbcbs@gmw.cn
法律顾问：北京市兰台律师事务所龚柳方律师
印　　刷：三河市华东印刷有限公司
装　　订：三河市华东印刷有限公司
本书如有破损、缺页、装订错误，请与本社联系调换，电话：010-63131930

开　　本：170mm×240mm			
字　　数：290 千字		印　张：15	
版　　次：2023 年 5 月第 1 版		印　次：2023 年 5 月第 1 次印刷	
书　　号：ISBN 978-7-5194-7230-6			
定　　价：95.00 元			

版权所有　　翻印必究

目 录
CONTENTS

一、学生党建与思想教育 ············· 1

挖掘好、利用好"燕京八绝"的思想政治教育资源 ············· 赵 洁 于润泽 3

新媒体视域下大学生社会主义核心价值观的思考 ············ 库 颖 11

深刻感悟百年大党的思想伟力 不断激发实现民族复兴的磅礴力量 ············· 刘祥坠 20

基于协同论的高校思政教育硕本联动机制构建 ············· 杨嵩松 24

从严治党背景下高等学校人才培养探究 ············· 隋俊宇 35

论思想政治教育对大学生抑郁的预防作用 ············ 隋俊宇 王亚非 40

高校外语专业思想政治教育及党建工作存在的问题与对策研究 ············· 崔梦含 47

高校公民教育与思想政治教育之"集合"关系初探 ············ 田儒基 51

论高校思想建设中要处理好的三种关系 ············ 田 野 60

浅谈如何开创德育事业发展新局面 ············ 陈煦婷 69

高水平应用型大学渗透式德育教育浅析
——以北方工业大学机械与材料工程学院为例 ············ 高德虎 75

二、学风建设与学生管理 79

高校重点关注学生几例工作案例浅谈与分析 ....
.... 王 磊　史　宁　梁乐意　81

乔哈里资讯窗视角下大学生宿舍人际关系改善研究 ....
.... 库　颖　王伟宾　87

大学生社会实践活动的美育功能分析
　　——以北方工业大学机材学院为例 .... 石　卉　王海波　96

抓住学生工作的几个关键点，精准发力，务求实效
　　——以北方工业大学文法学院为例 .... 刘祥坠　单连良　104

"乔哈里窗"视域下高校学生宿舍共同愿景构建策略 ....
.... 单连良　金　磊　113

从辅导员视角浅析高校学风建设问题 .... 夏丹梅　119

三、家庭经济困难学生资助 127

发展型资助方式在高校贫困生就业能力培养方面的应用 ....
.... 杨乾振　129

浅析大数据背景下高校资助工作 .... 王　波　134

浅谈高校资助育人工作 .... 贺映勇　140

四、就业指导与社会实践 149

北京市属高校毕业生就业风险与对策建议 .... 孙宗瑞　151

职业发展课程建设研究
　　——以北方工业大学为例 .... 李京京　156

高校大学生创新创业教育模式研究 .... 侯　旭　162

大学生"慢就业"现象分析 .... 杨乾振　167

数据思维视域下00后工科大学生就业指导工作模式初探……………
　　……………………………………………………… 赵梦彤　174
工程专业毕业生"五位一体三级联动"精准就业服务体系探索………
　　……………………………………………………… 邓晶晶　179
加强高校教师在大学生社会实践中指导作用的思考 ……… 唐　钦　184

五、学生教育与辅导员工作 …………………………………… 191

基于"企业微信"的网络思政育人体系构建探析
　　——以北方工业大学为例 ……………………… 王　玮　193
大学生朋辈学业辅导研究与实践
　　——以北方工业大学"学霸讲堂"为例 ………………
　　……………………………………… 李　伟　陈　卫　王　静　200
社会治理视域下高校共青团组织实践育人模式研究 ……………
　　………………………………………… 张　丁　宋鑫鑫　209
发展型学业辅导体系的探索与实践 ……………… 宋鑫鑫　215
慕课在大学生职业生涯规划教育中的应用研究 ……… 李　旭　221

一、学生党建与思想教育

挖掘好、利用好"燕京八绝"的思想政治教育资源

赵 洁 于润泽

摘 要："燕京八绝"作为中华优秀传统文化的瑰宝，开创了中华传统手工艺的新高峰。"燕京八绝"蕴含了爱国主义精神、大国工匠精神、时代创新精神。北方工业大学充分发挥区域优势，密切专业教育与思想政治教育的协同、第一课堂与第二课堂的协同，利用网络和新媒体的传播优势，开展探索与实践，提高了思想政治教育实效。

关键词："燕京八绝"；思想政治教育；社会主义核心价值观

我国非物质文化遗产中蕴含着丰厚的思想精华和育人价值，是开展大学生思想政治教育工作的重要资源。习近平总书记对保护和传承中华优秀传统文化高度重视，发表了系列重要讲话，特别强调中华优秀传统文化是中华民族的突出优势，这是我们在世界文化激荡中站稳脚跟的根基。

北京有许多优秀的文化教育资源，高校要深入挖掘古都文化、红色文化、京味文化，坚持把北京优秀文化运用到大学生思想政治教育中，让弘扬中华优秀传统文化在京华大地形成生动实践。近年来，北方工业大学与北京燕京八绝艺术馆开展合作探索，共同开发教育资源，弘扬"燕京八绝"的精神，取得了很好的教育效果，实现了社会价值和育人水平的双促

进、双提升。

1 "燕京八绝"的精神内涵

"燕京八绝"是以金漆镶嵌、花丝镶嵌、景泰蓝、牙雕、玉雕、雕漆、宫毯、京绣为代表的八大类宫廷技艺，它充分汲取了各地民间工艺的精华，传承了清代造办处的皇家风范，开创了中华传统手工艺的新高峰，堪称中华优秀传统文化的瑰宝。在长期的积淀发展过程中，"燕京八绝"所形成的精神内涵能够为大学生思想体系的建立奠定坚实基础，为大学生思想建设提供优质资源，为大学生树立文化自信提供源泉动力。

"燕京八绝"蕴含了爱国主义精神。千百年来，无数工艺大师不懈奋斗，将我国传统手工艺的发展推向了无与伦比的高度。在一凿一刻一针一线中，都凸显了匠人为展现大国文明而矢志不渝的奋斗精神，是爱国思想的生动体现。"燕京八绝"中，无论是庄重大气的金漆镶嵌技艺，还是高雅精致的京绣技艺，以及其他精妙的工艺，都体现了匠人们深厚的民族自豪感和深沉的家国情怀。

"燕京八绝"蕴含了大国工匠精神。匠心筑梦，持之以恒，每一个匠人都是中华民族伟大复兴中国梦的缔造者。无数匠人坚持一生、呕心沥血，这是坚守执着、甘于平凡的初心。例如，"燕京八绝"中的景泰蓝共有108道工序，匠人一丝不苟，一遍遍精镶细磨，一遍遍火中涅槃、千锤百炼，这才造就了色彩斑斓的民族艺术瑰宝——景泰蓝，这体现了精益求精、甘于寂寞的工匠精神。

"燕京八绝"蕴含了时代创新精神。故步自封只会停滞不前，改革创新则会勇往直前。近年来，随着北京燕京八绝文化发展有限公司和北京燕京八绝艺术馆的成立，"燕京八绝"得到进一步发展，展现出新的生命力。"燕京八绝"在努力继承传统工艺技法的同时，大力研发新技法，设计新产品，使千年技艺能够进入寻常百姓家，打造出一个新时代的"造办处"，承担起时代赋予的责任。

2 "燕京八绝"精神内涵是社会主义核心价值观的应有之义

习近平总书记指出，"传承和弘扬中华优秀传统文化，要认真汲取其中的思想精华和道德精髓。""一个民族、一个国家的核心价值观必须同这个民族、这个国家的历史文化相契合。"这些论断明确了中华优秀传统文化与社会主义核心价值观的源流关系。对高校来说，如何利用中华优秀传统文化来帮助大学生培育和践行社会主义核心价值观，是一项重要的理论和实践课题。

社会主义核心价值观的培育是一个系统工程，必须形成共识、多管齐下。"燕京八绝"文化与社会主义核心价值观具有内在一致性，体现了国家、社会、公民这三个层面的基本要求，这是运用"燕京八绝"传统文化培育社会主义核心价值观的前提和基础。因此，在培育社会主义核心价值观的过程中，用鲜活有趣的"非遗"资源作为教育内容是十分必要的。

2.1 体现了社会主义核心价值观国家层面的基本要求

富强、民主、文明、和谐是国家层面的价值目标。从古至今的匠人，都是为了实现国家富强、民族振兴、人民幸福的中国梦而奋斗。为展现我国文化软实力，不断提高传统工艺文化的国际影响力，让中华优秀传统文化代代相传，当代的工艺大师更肩负着崇高使命。一件件精美的"燕京八绝"展品作为国礼赠给外国贵宾，这充分彰显了中华民族源远流长的文明，充分展现了大国风范的魅力，诠释了社会主义核心价值观在国家层面的基本要求。

2.2 体现了社会主义核心价值观社会层面的基本要求

自由、平等、公正、法治是社会层面的价值目标。"旧时王谢堂前燕，飞入寻常百姓家","燕京八绝"在新时代的发展中,打破以往只为皇家服务的落后思想,积极探索新的发展模式,使"燕京八绝"能够走到人民群众的身边,这充分体现了中华优秀传统文化的时代性、人民性,深刻体现出了公正、平等的思想;随着时代的发展"燕京八绝"传统手工艺积极融入时代元素,呈现出百花齐放的景象,体现出创作的自由,体现了社会主义核心价值观在社会层面的基本要求。

2.3 体现了社会主义核心价值观公民层面的基本要求

爱国、敬业、诚信、友善是个人层面的价值目标。"燕京八绝"文化中蕴含了浓厚的爱国主义精神,体现在工匠大师以弘扬中华优秀传统文化为己任;在每一步的工艺制作中都见真功夫、不敢有丝毫懈怠、不在用料中弄虚作假、精益求精、一丝不苟,这充分诠释了匠人对文化的敬畏之心,也展现了其崇高的敬业情怀和诚信品格,更是工匠精神的深刻体现。这些精神值得新时代的青年学生学习传承,符合社会主义核心价值观在公民层面的基本要求。

社会主义核心价值观是中华优秀传统文化的时代升华。大力弘扬以"燕京八绝"文化为代表的北京优秀传统文化,认真汲取其中的思想精华和道德精髓,对高校大学生培育和践行社会主义核心价值观具有重要作用。

3 依托"燕京八绝"加强社会主义核心价值观教育探索与实践

2010年,北京燕京八绝文化发展有限公司于北京市石景山区的千年古刹承恩寺建成了北京燕京八绝艺术馆,并将其打造成为展示中华优秀传统文化、国家级非物质文化遗产的高端展示平台。2015年,近百位工美大师和非遗传承人携手,成立了北京燕京八绝协会。这为首都地区的高校在立德树人的实践中提供了丰富的文化教育资源。2018年,为传承工匠精神,由北京燕京八绝协会和我校联合主办的"'燕京八绝'工艺美术作品巡展"在我校开展，开启了我校与北京燕京八绝协会合作共建的新篇章。

3.1 精心组织，加强"燕京八绝"精神的育人载体建设

大学生思想政治教育要像盐一样"鲜"起来，在实践探索中，我校先后组织开展了一系列丰富多彩、特色鲜明的活动，启动了"传承'燕京八绝'，讲好中国故事"系列主题教育，推动传统文化进校园，逐渐形成了以专业竞赛、学术研究、社会实践、志愿服务、展示宣传等为代表的"多位一体"育人载体，全方位、多角度开展"燕京八绝"文化学习活动，开启了"燕京八绝"文化传承新模式。

专业竞赛献计策，我校经济管理学院依托专业优势，连续两年举办非物质文化遗产传承创意营销大赛，参与的同学集思广益，有的结合校园生活设计文创小产品，有的为产业发展提出建议，许多策划得以成功实施。**学术研究绘蓝图**，我校学生积极开展"燕京八绝"学术研究，参加北京市大学生科学研究与创业行动课题项目。在研究中，构建了"燕京八绝"品牌市场推广效果仿真模型，并发表多篇学术论文。**社会实践展风采**，去年暑期，我校学生开展"燕京八绝"讲解的社会实践活动，宣讲"燕京八绝"非遗文化。在实践中，学生受到了鼓舞和锻炼。该实践活动获得了团中央学校部、北京晚报、石景山报等多家媒体平台的宣传报道，效果良好。**志愿服务做贡献**，学校统筹推进"燕京八绝"志愿服务，经济管理学院成立了"燕京八绝"志愿服务队，组织志愿者同学利用国际博物馆日、双休日、节假日等时间，在艺术馆为参观群众进行文化讲解，以实际行动参与文化传承。**展示宣传谱新篇**，我校多次组织学生前往燕京八绝艺术馆进行参观学习，开展相关党团日活动，开展传统文化进校园专题讲座，充分展示"燕京八绝"精美作品，并在我校外国留学生群体中广泛宣传，把"燕京八绝"推向国际。

7

3.2 密切协同，把"燕京八绝"精神渗透到专业培养中

只有实现思想政治教育和知识体系教育有机统一才能全面落实立德树人的根本任务。学校重视将第一课堂与第二课堂协同、思政课程和"课程思政"协同、专业思政和管理思政协同，注重把"燕京八绝"的思政元素、价值元素与专业课程紧密结合，将思想政治教育寓于课程，用课程承载思政。

我校在"课程思政"指导方案中提出，哲学社会科学类课程要引导学生自觉弘扬和践行社会主义核心价值观，自然科学类课程突出培育科学精神和创新精神。我校经济管理学院深入挖掘提炼各类课程所蕴含的理想信念、科学精神、匠人精神、职业道德等各类思政元素，将这些元素巧妙地融入教学内容中，使各门课程都"守好一道渠，种好责任田"，使各学科凸显不同的思政特色，让"课程思政"、专业思政入脑入心。"燕京八绝"文化中包含的爱国主义精神、大国工匠精神、时代创新精神等重要的思政元素，对学生价值观的培养塑造具有鲜明的导向作用。同时，"燕京八绝"文化传播、产业发展、产品营销等方面均与经济管理类专业有着密切联系，均可作为教学案例和"课程思政"的重要素材。在"市场营销管理""企业战略管理"等专业课程中，均引入燕京八绝文化发展有限公司的案例，弘扬爱国情怀和创新精神。课程教学中，让学生了解"燕京八绝"的发展核心，分析"燕京八绝"在新时代致力于打造创新型文化整合发展平台的战略，引导学生深刻了解中华传统文化在新的历史条件下的辛勤探索和生动实践。在"组织行为学""运营管理""经济学原理"等专业课程教学中，也从不同角度剖析"燕京八绝"的案例，激发学生的民族自豪感，鼓励学生多了解中华传统文化，为祖国的强大积蓄力量，最终能够成就自我、奉献社会。此外，在暑期专业实习中，一些学生选择在燕京八绝艺术馆等地进行实习，近距离学习传统文化、感悟家国情怀。

3.3 拓宽路径，做好"燕京八绝"精神的传承与弘扬

新媒体的快速发展，为高校思政工作提供了重要的平台，拓宽了传统文化融入大学生思想政治教育的路径。如，微信公众号、微博、抖音、快手等平台全方位宣传，能够让中华传统文化更具有亲和力。

我校充分运用新媒体平台弘扬"燕京八绝"文化。学校成立了"燕京八绝"文化宣讲实践团，每组学生选择"燕京八绝"其中之一的工艺，分组录制"燕京八绝"文化讲解小视频。视频录制中，采用"技艺+展品"讲解的方式，既讲解工艺流程，也介绍精美作品，更着眼于展现传统手工艺在新时代的魅力，视频剪辑完成后，在学院公众号、抖音等新媒体平台上进行广泛发布，取得了良好的宣传效果。例如，在介绍金漆镶嵌的小视频中，讲解同学先用生动的语言介绍了镶嵌、雕填、彩填等工艺技法，然后通过实物展示，让大家品鉴雕漆剔彩盖盒的艺术美感，尤其是杂而不乱、色彩斑斓的纹饰。在雕漆剔彩盖盒的制作中，运用了该技艺中最精湛的技术，即先刷100道红漆，再刷100道黄漆，再逐层把不同颜色的漆剔掉，充分体现了精益求精、工精料实的工匠精神。在视频中，还加入了由我校学生创作的"燕京八绝"宣传小口诀——中华文化耀千年，"燕京八绝"代代传。玉雕牙雕和雕漆，金漆花丝两镶嵌。京绣宫毯景泰蓝，工匠精神永流传。新时代，新青年，文化自信记心间。这个口诀使得"燕京八绝"宣传小视频更具吸引力，也充分锻炼了学生们的创造力。

在"燕京八绝"文化传承的探索实践中，我校重视依托区域教育资源，密切专业教育和思政教育的协同、第一课堂与第二课堂的协同，不断丰富首都优秀传统文化的教育载体，发挥网络和新媒体的传播优势，引导广大青年学生面向实际、深入实践、严谨务实、苦干实干，近距离感受传统文化的精髓，多角度挖掘传统文化的魅力，创新性开展传统文化的宣传，用京味红色文化成果反哺高校思政教育，使学校小课堂和社会大课堂

有力结合，坚定文化自信，强化使命担当，实现了社会价值和育人水平的双促进、双提升。

习近平总书记指出，"中华民族几千年来形成了博大精深的优秀传统文化，我们党带领人民在革命、建设、改革过程中锻造的革命文化和社会主义先进文化，为思政课建设提供了深厚力量。"我国传统文化历经几千年的积淀，包含"燕京八绝"在内的非物质文化遗产蕴含了深厚的文化底蕴和工匠精神，是大学生思想政治教育工作中的宝贵资源。因此，推进中华优秀传统文化与大学生思想政治教育相结合，充分挖掘好、利用好传统文化的思想教育资源，对于大学生培育践行社会主义核心价值观具有重要作用。

参考文献：

[1] 中共中央宣传部. 习近平新时代中国特色社会主义思想学习纲要[M]. 北京：学习出版社、人民出版社，2019.

[2] 包文婷. 非遗文化融入高校思想政治教育的路径探索[J]. 戏剧之家，2018（29）.

[3] 田红芳. 牢记思想政治工作使命落实立德树人根本任务[J]. 北京教育（德育），2018（10）.

[4] 王珂园，程宏毅. 习近平：用习近平新时代中国特色社会主义思想铸魂育人贯彻党的教育方针落实立德树人根本任务[N/OL]. 人民日报.（2019-03-19）[2020-05-20]. http://cpc.people.com.cn/n1/2019/0319/c64094-30982234.html.

新媒体视域下大学生社会主义核心价值观的思考

库 颖

摘 要：新媒体的快速发展给大学生社会主义核心价值观的培育带来了机遇，也带来了挑战。本文通过对北京市部分高校大学生价值观的问卷调查，厘清了新媒体带来的机遇和挑战，从树立网络思维、创新培育模式及强化应用能力三方面提出了基于新媒体培育大学生社会主义核心价值的路径。

关键词：新媒体；大学生；社会主义；核心价值观

价值观蕴含着一个国家的精神追求。社会主义核心价值观体系是我们中华民族的信仰，引领着中国特色社会主义的发展方向。青年大学生的价值观，既是他们"人生的第一颗扣子"，也是未来社会的"晴雨表"。从中华人民共和国成立到改革开放，再到全面深化改革的今天，我们党和国家都高度重视大学生价值观的培育。但是，新媒体的快速发展，给大学生社会主义核心价值观的培育带来了机遇，也带来了挑战，我们要因事而化、因时而进、因势而新。

1 新媒体产生的机遇

1.1 拓宽了时空

新媒体是相对于传统媒体的一种数字化媒体形式，以数字技术为手段、以网络为载体，具有交互性强、承载量大、传输速度快等优势，实现信息传播不受时间和空间限制的最终目标，为培育社会主义核心价值观带来了难得的机遇。年轻人几乎是无人不网、无日不网、无处不网，手机已名副其实地成为大学生身边"带体温的媒体"。高校应充分运用新媒体的技术优势，特别是基于大学生常用的手机媒体来做功课，因时而进，通过网络课堂、信息推送、手机社交软件、手机 App 应用等渠道，用学生喜闻乐见的语言和易于接受的方式如微电影、微故事等，把社会主义核心价值观的内容展示出来，用鲜活的故事感染教育学生，用生动的内容和形式贴近学生。如北京某高校依托新媒体技术，打造了"ihome"网络社区手机 App，成效明显。2016 年 4 月至 6 月间，在北方工业大学等 5 所高校进行了《基于新媒体培育大学生社会主义核心价值观》的问卷调查①。调查显示，47.3%的学生在生活中遭遇烦心事想要求助时，通常选择通过电话、微信或 QQ 等新媒体渠道化解。

1.2 增强了亲和力

社会主义核心价值观理论性较强，内容也较抽象，传统课堂的"填鸭式"教育使学生产生距离感，难以激发学生的学习兴趣。新媒体强大的交互性使师生可随时随地进行交流互动，新媒体平台使得信息的传播呈现出双向流动的态势，人人都是信息的发送者和评论者，既可以对他人的动态

---

① 本文调查数据均来源于问卷调查的数据。本次问卷调查从 2016 年 4 月开始，历经 3 个月时间，对北方工业大学等 5 所高校发放了 1000 份问卷进行调查，收回问卷 960 份，有效问卷 930 份，回收有效率为 93%。调查采用无记名的方式，随机抽取不同专业不同年级的学生进行。

关注点赞和评论转发,也可以随时关注他人对自己动态的评论,甚至在网络上"隔空论战"。再加上新媒体环境下交流对象的匿名性,能消除面对面交流的尴尬,也剔除了学生的戒备心理,他们可以自由发表言论,也更愿意把自己的困惑疑虑跟教师说,无形中拉近了师生的距离,也潜移默化地化解了学生的困惑,提升了社会主义核心价值观培育的亲和力。同时,教师开展工作时利用新媒体贴近学生生活、贴近学生实际,既能和同学们增强互动,也会使同学感到"接地气",无形之中增强了教师自身的亲和力,从而获得同学们的信任,便于对同学思想上的引领,以及价值观的培育和引导。

1.3 创新了方法和载体

创新大学生社会主义核心价值观的培育方法,是强化大学生社会主义核心价值观的必然要求。新媒体以其交互、便捷、适时等特点,成为培育大学生社会主义核心价值观的主要渠道之一。据问卷调查显示,近七成的同学认为新媒体是他们获取校园信息的主渠道。可见,在新媒体环境下,传统的"面对面"思想教育方式已跟不上时代和环境的变化,也迎合不了学生的需求。高校要深刻认识到当代大学生是"网络一代",要强化互联网思维,通过新媒体载体传播和弘扬社会主义核心价值观,提升学生们的认知主动性和参与性,加强网络育人的力度。调查得知,83.2%的学生经常在微信朋友圈晒图片或转发文章,72.1%的学生会对好朋友所发的照片或文章进行点赞或评论。充分利用新媒体的方法及载体,形式多样、潜移默化地渗透社会主义核心价值观的内容,会逐步提升社会主义核心价值观的影响力。

2 新媒体带来的挑战

2.1 内容的开放影响社会主义核心价值观的构建

互联网的快速发展,促进了不同文化的交流融合,但也为西方敌对势力宣扬灌输西方价值观提供了便捷的途径，意识形态领域许多新情况、新问题往往因网而生、因网而增，许多错误思潮也都以网络为温床。网络时代的负面信息阻碍着大学生树立社会主义核心价值观已是不争的事实。对于正处在成长阶段的青年大学生来说，长期大量地接触这些网络上的不良信息，其意识形态会受到潜移默化的影响，容易出现价值判断失误和选择困难的情况，影响主流价值观的形成。加之，网络信息缺乏严格意义上的"把关人"，一些虚假、色情、暴力信息时而有之，长期形成网络道德失范。长此以往，必将影响社会主义核心价值观的培育。

2.2 网络语言给大学生社会主义核心价值观培育带来挑战

新媒体以网络为载体，随之而生的就是网络语言。网络语言是现代汉语在网络环境下的变异，是伴随网民这一特定群体的出现而产生的。网络语言是含有某种特定意义的数字以及形象生动的网络动画和图片，是网民为了提高上网聊天的效率而采取的交流方式。网络语言鲜明的简洁性、新奇性、诙谐性的特点，迎合了网络世界追效率、崇个性、求创新的需求。大学生亦是新媒体的主力军，而网络语言的这些特点恰恰迎合了大学生的猎新求异心理，以至网络语言在大学生中迅速流传。网络语言盛行，一定程度上给我们的思想政治工作带来了挑战。仅以高校辅导员的网络语言能力为例，据调查显示，16.0%的学生觉得辅导员总是不明白自己所说的话，感觉有代沟；22.5%的学生觉得辅导员有时不太明白自己所说的话，有点郁闷。这两项之和为38.5%，也就是说将近四成的学生认为辅导员对网络语言不了解，这不仅和辅导员是开展大学生思想政治教育骨干力量的定位有些不协调，更会对传统思想政治教育的话语体系带来冲击和挑战。

2.3 "网络达人"冲击社会主义核心价值观

新媒体环境下，信息量铺天盖地，网络中的意见领袖也在逐步形成，他们以犀利的言语、引人关注和争论的观点，吸引着大量网民，特别是心智尚未成熟的大学生群体，他们盲目崇拜偶像、盲目信服网络大V，致使教师的权威受到挑战。据调查显示，当网络上自己的偶像提出与自己想法不同的观点时，44.5%的学生会怀疑自己观点的正确性，16.9%的学生会直接认同自己偶像的观点。可见，网络意见领袖对青年学生的影响之大。由于新媒体的开放性，一些所谓的"网络达人"利用青年学生的心理，罔顾历史的真实，任意抹黑英雄的形象，对大学生的价值观产生消极影响。例如，网上有人亵渎民族英雄黄继光、邱少云、雷锋等。

3 新媒体视角下的路径思考

3.1 树立新媒体环境下的网络思维

新媒体影响和改变着当代大学生的思想意识和行为方式，新媒体成为当前意识形态斗争的前沿阵地已是不争的事实。如何用好新媒体是我们应该深思的问题。习近平总书记在全国高校思想政治工作会议上指出，做好高校思想政治工作，要因事而化、因时而进、因势而新。这就给我们明确的信号，要与时俱进，要创新网络思想政治教育，要推进新媒体的建设及运用，树立新媒体环境下的网络思维，包括内容至上思维、迭代创新思维、大数据思维。

内容至上思维。即在内容上下真功夫，用新媒体传播的内容不能像传统媒体一样"生硬"，要做适当的转化，加入网络语言，做好标题引导。实验得知，近60%的受访学生在对文章的选择上"依题选文"。同样，添加了网络语言的文章图文转化率也比未添加的文章高出近30%。由此，撰写适合学生阅读的内容是我们要保证的第一关。

迭代创新思维。即所谓的微创新，我们的教育内容要循序渐进地创新，通过微创新的量变推动引起质变，不能搞颠覆式的创新，否则会让受教育者接收的内容既不连贯，也没有逻辑，感觉"忽左忽右"。具体实施过程中，我们要根据传播的内容选择相应的、学生能够接受的新媒体传播方式。

大数据思维。即在新媒体环境下的思想政治教育工作要在"大数据"上下功夫。思想政治工作者要有数据敏感性，学会"聚零为整"，从个别推理到一般，将零散的数据样本整合成可供分析的大数据，从中分析学生的喜好，并以此指导网络平台的发展，营造学生喜欢的社会主义核心价值观培育新环境。

3.2 创新新媒体环境下的培育模式

青年学生是祖国的未来，得青年者得未来。我们要以积极的心态面对挑战，全面分析当今学生的需求，创新新媒体环境下的大学生社会主义核心价值观培育模式。

以学生为中心，提高思想政治教育工作渗透力。我们培育大学生社会主义核心价值观的根本目的在于使他们将中国特色社会主义道路自信、理论自信和制度自信内化于心、外化于行。这就要求我们推送的内容必须贴近学生生活实际，使学生能"感受到温度"。同时，要创新学生参与路径，扩大学生参与面。比如，让学生参与思政课教学、推送内容的制作、网络思想舆论引导；要用好大数据，适时关注学生参与度，迎合学生个性化需求，增强"用户黏度"；要利用好线下教育引导，构筑线上线下一体化的格局。

以内容为中心，提升思想政治教育工作吸引力。培育大学生社会主义核心价值观的核心就是让学生知道什么是政治底线、法律底线和道德底线，让他们做爱国、敬业、诚信、友善的人，去追求社会的自由、平等、公正、法治，去追求国家层面的富强、民主、文明、和谐。工作中要以内容建设为重点，推出更多弘扬主旋律、传播正能量的优秀网络教育资源，把教育内容用学生易于接受的语言和方式呈现出来，以理服人、以情动人，同时要学会创新话语结构，善用网络语言，习近平总书记在2015年新年贺词中讲到，"我们的各级干部也是蛮拼的，我要为我们伟大的人民点赞"。"蛮拼"和"点赞"都是流行的网络语言，换个话语一下就拉近了距离，既让人感觉总书记亲民，又让人感觉是自然的对接，自然也就吸引力十足。

以媒体为中心，增强思想政治教育工作影响力。新媒体既然给大学生的社会主义核心价值观培育带来了机遇，我们就要加以研究，抓住机遇。一方面，可以通过整合新媒体媒介资源，构建学校"智慧校园社区"，把学校学工部、组织部、宣传部、教务处、团委、后勤服务、图书馆等与学生服务密切相关的部门链接到智慧校园社区；另一方面，我们从教育、管理、服务、教师、同学等多维度推送信息，构建多层次的大学生社会主义核心价值观培育体系。学生既是网络新媒体的受众，也是改善网络生态的重要力量，要积极鼓励学生利用所知所学正面发声、理性思辨，唱好网上好声音，传播网络正能量，澄清是非，伸张正义，守护好共同的网上精神家园。

3.3 强化教师的新媒体应用能力

新媒体已深深影响并改变着我们的生活。高校教师作为大学生思想的引领者，势必要审时度势，积极转变自身思想观念，树立责任意识，强化危机意识；要把思想政治教育工作由传统的"单纯灌输"变为新媒体时代的"互动交流"，由传统的"单向传播"变为新媒体时代的"互动传播"，由传统的"侧重控制"变为新媒体时代的"侧重引导"。因此，高校教师特别是大学生思想政治教育工作者要强化和提升新媒体应用能力。

高校思想政治教育工作者要提升网络语言素养。高校思想政治教育工作者不能总是用套路化、刻板化的言语去传播社会主义核心价值观的内容，要在不改变内容本意的前提下，恰如其分地将其转化为适合大学生的话语，丰富话语表达内涵。高校思想政治工作者要摒弃对网络语言和文化现象的轻视心理，要培养提升自己的网络语言意识，主动学习，善于挖掘和使用学生的语言，迎合学生的思维特征。

高校思想政治教育工作者要深入学生的网络生活。网络语言离不开现实生活，与现实生活密不可分，尤其是当前大学生在网络上所使用的话语，更是源自同学们的实际生活。因此，高校的思想政治工作者必须深入大学生的现实生活，用心感受网络文化，通过体验大学生在网络空间的生活，分析他们在思想、心理、语言以及行为上的变化发展。正所谓，走近学生的生活，才能给学生提供精准的"食粮"。

高校思想政治教育工作者要提升舆论引导能力。在大学生思想政治教育工作中，高校思想政治教育工作者要具备针对社会热点难点、重大事件、重要纪念日等关键问题主动发起议题设置的能力，积极引导学生理性思考。在高速发展的新媒体时代，不同的传播媒介就是网络意识形态战场上的不同武器，只有加强研究、真正掌握、娴熟使用，才能提升话语能力，把握主动权。

总之，做好高校思想政治工作，要因事而化、因时而进、因势而新。要遵循思想政治工作规律、教书育人规律、学生成长规律，沿用好办法，改进老办法，探索新办法。高校思想政治教育工作者，要沉着应对新媒体带给大学生社会主义核心价值观培育的各种挑战，积极研究新媒体创新发展的趋势，善于改进语言风格，走在新媒体技术应用的前列。

参考文献：

[1] 习近平. 在全国高校思想政治工作会议上的讲话 [N]. 人民日报, 2016-12-09.

[2] 匡文波. 手机媒体概论（第二版）[M]. 北京：中国人民大学

出版社，2012.

［3］屈晓婷．新媒体时空解码［M］．北京：北京交通大学出版社，2015.

［4］周长春．新形势下大学生思想政治教育探索［M］．北京：北京工业大学出版社，2005.

［5］刘际飞，吴惠．应用微信公众平台开展大学生思想政治教育工作的四个着力点［J］．思想教育研究，2015（12）.

［6］张瑜．高校网络思想政治教育发展与创新研究［M］．北京：人民出版社，2014.

深刻感悟百年大党的思想伟力
不断激发实现民族复兴的磅礴力量

刘祥坠

看清历史才能看清前途,读懂未来必先读懂过去。站在"两个一百年"奋斗目标的历史交汇点,"千秋伟业"令人意气风发,"征途漫漫"催人奋发有为。只有把蕴含在百年党史中的思想悟深悟透,从建党百年的光辉历程中寻觅历史启迪,做到学史明理、学史增信、学史崇德、学史力行,才能更好地为走好新时代的长征路汲取智慧、凝聚力量。

1 深刻感悟中国共产党人的精神谱系,不断增强坚定理想信念的高度自觉

人无精神不立,国无精神不强。习近平总书记指出,在一百年的非凡奋斗历程中,一代又一代中国共产党人顽强拼搏、不懈奋斗,涌现了一大批视死如归的革命烈士、一大批顽强奋斗的英雄人物、一大批忘我奉献的先进模范,形成了井冈山精神、长征精神、遵义会议精神、延安精神、西柏坡精神、红岩精神、抗美援朝精神、"两弹一星"精神、特区精神、抗洪精神、抗震救灾精神等伟大精神,构筑起了中国共产党人的精神谱系。其内涵丰富、意义深刻、系统完备、导向鲜明,在社会主义发展史、人类

文明发展史上矗立起崭新的精神丰碑，为立党兴党强党提供了丰厚滋养。马克思指出："人应该在实践中证明自己思维的真理性。"当前，我们既要全面学习掌握精神谱系的重要内容，也要从整体上深刻理解其重要特质。特别是要看到百年来我们党所形成的精神谱系，早已熔铸到我们党成长发展的全过程、贯穿在国家建设的各领域。习近平总书记深刻指出："当高楼大厦在我国大地上遍地林立时，中华民族精神的大厦也应该巍然耸立。"我们要从百年党史中深刻感悟这一精神谱系，决不能丢掉革命加拼命的精神，决不能丢掉谦虚谨慎、戒骄戒躁、艰苦奋斗、勤俭节约的传统，决不能丢掉不畏强敌、不惧风险、敢于斗争、敢于胜利的勇气，用党在百年奋斗中形成的伟大精神滋养、激励自己。有中国特色社会主义制度的显著优势，有十四亿人民的团结奋斗，任何力量都无法阻挡中国人民奔向美好生活的铿锵步伐，任何困难都无法阻挡中华民族伟大复兴的实现。

2 深刻感悟中国共产党人的真经要义，不断增强深化理论武装的高度自觉

列宁曾精辟地指出，马克思主义是一整块钢铸成的，是一个完整的科学体系。中国共产党的历史，就是一部不断推进马克思主义中国化的历史，就是一部不断推进理论创新、进行理论创造的历史，就是运用马克思主义科学理论改造中国、改变世界的历史。一百年前，在近代中国最危急的时刻，中国共产党人发掘了马克思主义，用真理的力量"挽狂澜于既倒，扶大厦之将倾"。毛泽东指出："指导一个伟大的革命运动的政党，如果没有革命理论，没有历史知识，没有对于实际运动的深刻了解，要取得胜利是不可能的。"一百年来，一代代中国共产党人坚持解放思想和实事求是相统一、培元固本和守正创新相统一，不断开辟马克思主义发展的新境界。正是因为掌握了马克思主义这一科学真理，我们党才能带领人民走

向胜利,实现了从站起来、富起来到强起来的伟大飞跃。马克思主义是共产党人的"真经"和"宝典",是中国共产党领导人民取得革命、建设、改革胜利的根本指导思想。"历史从哪里开始,思想进程也应当从哪里开始"。在推进中华民族伟大复兴宏伟事业的今天,更加需要科学理论的武装和指引。中国共产党人要把读原著、悟原理当作一种习惯、一种追求、一种生活方式,用经典武装头脑、升华境界、指导实践、推动工作。学党史,就是要结合当代中国正经历着的我国历史上最为广泛而深刻的社会变革,也正在进行着人类历史上最为宏大而独特的实践创新,更好地从党的百年非凡历程中感悟真理的力量,不断深化对共产党执政规律、社会主义建设规律、人类社会发展规律的认识,进一步增强"四个意识"、坚定"四个自信"、做到"两个维护"。用马克思主义真理光芒照耀我们的前行之路,党和人民一定能在新时代创造新的历史辉煌。

3 深刻感悟中国共产党人的胜利之源,不断增强践行初心使命的高度自觉

马克思和恩格斯发表的《共产党宣言》明确宣告:共产党人要推翻资产阶级的统治,要同传统的所有制关系实行最彻底的决裂。它在自己的发展进程中要同传统的观念实行最彻底的决裂。而要完成这一使命,共产党人就必须在改造客观世界的同时改造自己的主观世界。勇于进行自我革命是中国共产党最鲜明的品格和最大的优势,是党由弱小到强大、从挫折中奋起、不断走向成熟的重要法宝。中国共产党一百年的历史,从党的建设维度而言,就是一部勇于刀刃向内的自我革命、不断练就"打铁必须自身硬"的本领、永葆党的生机活力的历史。从八七会议党早期探索中国革命遭受挫折的一次自我革命,到遵义会议实现党的历史伟大转折的一次自我革命,从延安整风党在思想上批判"左"倾教条主义错误的自我革命,到

"两个务必"的执政警钟，从粉碎"四人帮"的全面拨乱反正，到党的十八大以来开启的全面从严治党新征程，正因为一代代中国共产党人以自我革命的政治勇气，坚决同一切弱化党的先进性和纯洁性、危害党的肌体健康的现象做斗争，我们党才能历经百年而风华正茂、饱经磨难而生生不息。习近平总书记指出："中国共产党的伟大不在于不犯错误，而在于从不讳疾忌医，敢于直面问题，勇于自我革命，具有极强的自我修复能力。"勇于和善于自我革命，是我们党作为百年大党百炼成钢、永葆先进性和纯洁性的一个根本原因。"胜人者有力，自胜者强"的新时代，我们党领导人民进行伟大社会革命，其涵盖领域的广泛性、触及利益格局调整的深刻性、涉及矛盾和问题的尖锐性、突破体制机制障碍的艰巨性，都是前所未有的。党的自我革命任重而道远，绝不能有停一停、歇一歇的想法。我们必须把党的伟大自我革命进行到底，提高党自我净化、自我完善、自我革新、自我提高的能力，使党始终走在时代前列、始终为人民衷心拥护、始终经得起各种风浪考验，为实现"两个一百年"奋斗目标、实现中华民族伟大复兴的中国梦提供坚强政治保证。

百年风雨兼程，万里风鹏正举。回顾历史，立足现实，新时代新征程任务繁重艰巨。我们要不断增强"四个意识"、坚定"四个自信"、做到"两个维护"，从百年党史中进一步感悟思想伟力，增强用习近平新时代中国特色社会主义思想武装头脑的政治自觉，筑牢信仰之基、补足精神之钙、把稳思想之舵，团结带领人民创造中华民族千秋伟业。

基于协同论的高校思政教育硕本联动机制构建*

杨嵩松

摘　要：基于协同理论的视角，探索创新硕本联动的思想政治教育模式，通过强化顶层设计、构建配合协作机制、构建有效的利益协调与资源整合机制及激励考评机制，缩短研究生和本科生之间的天然差距，增强思想政治教育的实效性，在规范引领本科生学习的过程中，同步落实研究生的自我教育。

关键词：协同论；硕本联动；高校思政教育

高校思想政治教育的开展和综合发力十分重要。研究生和本科生之间存在认知能力、成熟程度及培养方式等方面的差别，在实际工作中，由于不能很好地把握二者平衡，预期目标发生偏差的状况时有发生。为贯彻落实《关于加强和改进新形势下高校思想政治工作的意见》《教育部关于进一步加强和改进研究生思想政治教育的若干意见》，以研究生、本科生"同受益、双促进、齐提高"为目标，进一步改进和加强高校学生思想政治教育、构建硕本有效联动机制势在必行。

本文从协同论角度出发，将协同理论引入高校研究生与本科生的协同

---

* 2019 年度北方工业大学思想政治教育研究课题。

配合中，在复杂的系统内部构建硕本联动机制以超越硕、本两个要素的单独作用，在共同追求而达成默契的基础上，凸显合作中互利共赢的实践价值，从而探求高校思想政治教育工作硕本联动机制的有效性。该机制有助于将相对分离的思想政治教育工作模式转变为统筹安排的模式，整合思想政治教育工作的资源信息，发挥资源优势，高效达成思想政治教育的工作目标；将研究生的自身优势与本科生的潜在能力有机结合，在规范引领本科生学习的过程中，同步落实研究生的自我教育。

1 协同论视角及其对高校思政教育协调性的考察

近些年来，协同论作为研究不同领域的共性及协同机制的新兴学科而得到广泛关注与应用，被视为连接不同学科的桥梁。协同论的主要内容是在整个开放无序的系统中，协同子系统按照相互作用、相互影响的形式，基于从无序到有序、从低序向有序的运行规律，生成控制系统运行的序变量，从而引导并主宰系统朝着有序、稳定的方向运行，最终使整体功能产生倍增效果，即达到"1+1>2"的效果。

实际上，协同论来源于"协调合作之学"，它诞生于1971年，由德国的物理学家赫尔曼·哈肯提出。作为近几十年迅速发展并得到广泛应用的重要理论，协同论与耗散结构理论、突变论并称为"新三论"。简而言之，协同论就是有关系统内部各要素在协同合作下，自发地从无序到有序演变的理论。它主要研究的是在某种特定环境下，系统要素之间有序进行相互作用与配合所形成的规律，而非无序、相互排斥地紊乱运作，即处于平衡和开放状态的自然系统、社会系统及其子系统，借助系统内部要素的相互配合和协作，自发形成一定的有序结构。各种系统在时空和功能上逐渐向稳定、有序转变，在这一转变过程中，反映出相类似的规律性及特性，最终的状态便被称作"自组织状态"。它通过观察具有不同特定属性的系统中所体现的新结构和自组织，分析论证其客观存在的共性规律，并最终依托系统内部要素在合作中所发挥的自组织作用，力图阐明不同的系统要素赖以运作的自然规律。哈肯依据不同的组织形式将自组织进行分类，将其划分为他组织和自组织两组形式。所谓的他组织，是依赖于外部指令干涉形成的组织；而自组织是指依赖于组织内部的某种相互理解的运行规则而形成的组织形式。区别于他组织的依赖外力干涉，自组织具有一定的有序且可相互协调的结构。所有系统都可开放地适用自组织理论中对系统的定义。

新媒体时代已经到来，信息传播速度不断加快，在社会文化与思潮的作用下，高校的思想政治教育开始呈现开放系统特征。与此同时，在高校内部，要做到将大学生思想政治教育的要求落深、落细、落实，必须依靠党委领导，学生工作部门牵头，学校各部门之间互相协调、相互配合。这一运行模式具备一定的系统化特征，借助协同论思路，提升思政系统内部各个要素之间的相互协调配合，减少系统中互相之间的制约与干预，通过这些方式以达到预期的效果。

但是，在研究生与本科生不同的管理模式、教育背景等要素的影响下，现阶段工作的开展大多独立进行，而非理想中的融合联动。与研究生相比，本科生年龄较小、思维模式较为简单，在面对复杂的问题时没有足够的应对经验。但是，他们在组织力、凝聚力、吸引力方面体现出了更为积极的态势，这有助于思想政治教育工作的顺利推进。而对于教育经历更为丰富、能力培养更为专业、思维能力更为活跃的研究生来说，他们可以对本科生起到良好的示范带头作用。但是，未能构建统一的宣传活动平台，缺乏参与课余实践活动的热情，也已然成为在研究生群体中开展思政教育工作的现实问题。总而言之，创新探索硕本联动的思想政治教育模式对于激发高校思政工作活力具有独特价值。

2 高校思政教育硕本联动机制构建的意义

以协同论为指导，以硕本联动机制构建为手段，着眼于高校思想政治教育的复杂性，是促进思政教育方式优化的有效对策。"21世纪是一个复杂的世纪。"系统的复杂性源自两个方面，其一是要素之间相互作用的非线性以及结果的难以确定性，使实现目标的路径选择可能欠缺灵活性。教育者可能惯于依据固定化甚至僵化的教学方式方法和标准要求学生，抑制学生思想的活跃性，难以发挥思想政治教育双向互动的桥梁纽带作用。其二是系统的开放性所带来的外部多元环境因素的干扰。不同成长环境和社会背景，不同的价值观和目标追求，在信息化社会的背景下更容易引发冲突。有鉴于此，在协同论的指引之下，党和国家所倡导的社会主流思想、政治、道德观念与规范，能够有效影响到大学生群体，使大学生群体的目的性、组织性、计划性增强，思想品德素质也开始向满足习近平新时代中国特色社会主义的需求靠拢，提升了思想政治教育的效率。

2.1 实现优势互补，有利于增强思想政治教育的实效性

研究生与本科生的需求有所不同。本科生学习、参与实践活动的积极性普遍较高，但欠缺专业知识与经验，需要更多地采取指导、帮扶的形式予以帮助和规范。而研究生具备较为良好的科研素养和较为丰富的经验储备，但时常因缺乏实践的机会和平台，在组织领导能力、协调沟通能力等综合素质拓展上难以取得明显进步。因此，构建高校思政教育硕本联动机制，将高校学生的实际需求转化为内在动因，对高校思政教育而言是关键的一步。为了满足高校学生学习、科研等多样化需求，将研究生与本科生相衔接，实现优势互补，这既是思政教育在学术和理论层面上的整体性构建，又是在实践层面创新模式的探索。在此基础上，能够实现研究生和本科生"共合作、共促进、共发展"的培养目标。

2.2 体现学生主体性，有利于提高学生参与自我教育的积极性

教学管理模式中"以人为本"的理念，越来越被教育界所关注和重视。它的核心要义是尊重被管理者的主体地位，正视被管理者的实际诉求。在高校传统的行政化管理模式中，被管理者与管理者并非平等关系，日常状态是过于将管理者的权威抬高，管理者处于主动和强势的地位，而作为被管理者的学生往往处在被动和从属的位置。这种不对等的模式直接或间接地破坏了师生之间的关系，使学生的思想、意志、情感难以主动显露。而研究生角色的引入可在一定程度上弥补本科生语言及情感表达的缺位，充分了解本科生的学习生活，重视本科生的主观感受，为其提供相同语境下的咨询、帮助，能够在沟通互动甚至心理辅导中弱化生疏关系带来的影响。这种模式的创建避免了管理者和被管理者之间等级隔阂的出现，并能将学生自己置于教育管理的中心位置，使高校学生可以在平等的环境中自我教育、自我提升。

2.3 以实际需求为导向，有利于突破思想政治教育的薄弱环节

研究生繁重的科研学术任务、本科生缺乏系统有效的指导，导致前者思政教育活动参与积极性不高，后者参与方式方法僵化，这势必导致研究生的经验优势和本科生的高积极性优势难以发挥，这也是现阶段思想政治教育开展过程中较为突出的矛盾。高校思政教育硕本联动机制能够促进研究生与本科生之间形成真正意义上的有效沟通互动。一方面，研究生作为"引导者"，可以运用自己的知识储备、阅历经验培养本科生在学术科研方面的兴趣，在指导本科生的过程中提升高校教育资源利用率；另一方面，研究生作为"育己者"，在这一过程中，又能增强归属感和责任感，注重规范自己的行为。硕本联动机制的运作实际上就是将高校教育的积极因素进行整合，从而提高双向思政教育的实效性、扩大思政教育的覆盖面。

3 从协同论的角度构建高校思政教育的硕本联动机制

硕本联动机制构建理念主要依据两个学历层级共通性、互补性的特点，关注专业特色，统筹安排相同专业各个学生层级参与到统一的思政教育活动中，探索形成硕本联动开展思政教育的有效路径。

3.1 强化顶层设计

协同的基本要件是要构筑共同的愿景。若想实现协同，则需基于系统内每个子系统即团队中的个体有意识地靠近共同的目标，相比于因不明确或不一致的内部目标可能造成的混乱，这种自发、自主的行为明显能够节省实践成本，提升整体效率。

需要强调的是，在现代科技背景下应运而生的协同论具有明显的创新指向性。系统的自组织演化表明了系统创新的前提条件，即组成系统的诸多要素围绕共同目标与意愿，在运转过程中积极发挥各自的功能，并在相互协同的作用下，使创新不断涌现并向着有序化方向发展，最终形成整体合力，推动系统结构全面创新。传统的创新机制往往局限于较为单一的模式，缺乏资源整合、信息开放等平台设计，容易产生创新动力不足、效率低下等弊端。协同创新则不然，它能有效破解创新主体间相对封闭、资源信息难以共享的难题，依赖开放性理念以及要素的有机整合，汇集创新资源、降低创新成本、共享创新成果、提高创新效率。协同创新的实质是在开放性系统中培植共享机制，营造良好的创新生态环境。在此环节上，形成共同目标、激发创新动力、降低沟通成本，集聚优势资源构筑联合培养的创新机制。这种避免资源浪费、实现优势互补的创新机制对于加强和改进高校思想政治教育工作具有重要的现实意义。保持系统的开放性是高校思政教育工作开展的核心环节。一方面，不能人为地阻断本科生与研究生之间的充分联系，也不能阻断其与外界的联系。另一方面，需要为硕本互动及内外联系提供必要的条件。要打造结对引领的平台,拓宽研究生与本科生协同参与科研创新活动的渠道,深入推进二者间的学术文化交流。以互助小组的形式,为本科生介绍文献检索、论文选题与写作、科研项目与课题申报等方面的注意事项。学校应基于办学理念和人才培养原则,尊重研究生和本科生的主体地位,积极开展创新教育,将创新意识和能力的培养有意识地纳入教育活动中,致力于营造鼓励创新、勇于创新的校园文化氛围。

3.2 构建配合协作机制

协同论研究表明,系统演进共同目标的实现得益于一种较为理想的循环态势,即各子系统或系统内部要素相互作用、相互配合、相互促进并充分发挥出自己的潜在功能。高校在开展思政教育时应以朋辈教育为着力点,从混沌无序的初始状态转变为良性有序的发展状态。研究生与本科生之间形成稳定的新型结构,相互借鉴,择善而从,将朋辈教育功能的发挥视为促成系统合力的有效手段。如开展硕本一体的职业规划指导、学习经验介绍等活动,不仅可以为研究生搭建提升自身综合素质的平台,在组织管理能力的培养过程中,还可以增强自省意识。研究生在为本科生介绍学习方法和备考经验的同时,可以反向带动自我思考,从而更加注重学习方法的完善和专业知识水平的提高。与此同时,研究生的语言表达能力和沟通组织能力也得到一定程度的提升,同时规避研究生可能带来的不良示范。虽然研究生的世界观、人生观、价值观的塑造已趋于成熟,但由于其学生的身份以及学校的环境,不可避免地在认知层面存在偏差。因此,研究生要更为自觉地参与到思政活动中,不仅要当思政教育的学习者,还应担任传播者、倡导者的角色,以良好的精神面貌充分发挥出引领和示范作用。

3.3 构建有效的利益协调与资源整合机制

哈肯指出:"改善每个人的生活是人类当今最重要的任务之一。无论对社会或对个人来说，这个任务所提出的问题日益复杂。自然科学、工程科学和社会科学必须为解决这些问题奠定基础。"确保思政教育系统顺利运行不仅需要创造良好的教学条件，还需要做好后勤服务保障工作，使思政教育在人员配备、物资供给等方面实现互通有无。因此，开发与整合校内资源势在必行。除此之外，有机融合校内外资源，释放高校人才培养活力，准确把握自身建设与外部环境之间的动态关联，发挥高校优质教育资源优势搭建共建共享平台，服务于培养创新型人才的发展目标，最大限度地发挥教育资源的实效性。

3.4 构建精细的激励与考评机制

构建合理的硕本联动思政教育的激励机制，采取有效的奖惩措施，可以为考核评估增添动力。结合考核结果建立示范效应，在校内宣传优秀事迹，传播相应工作经验。在同一阶段，一些相关的奖励制度也在学校提供的支持下相继颁布，在硕博连读、辅导员聘用、科研项目申请等方面对在硕本联动中有着上佳表现的研究生给予政策上的帮助和充分肯定。这些奖励措施的设置，能够保证评估机制的有效实施，对于硕本联动促进思政工作持续性有着举足轻重的意义。

高校思政教育硕本联动需借助于选拔、培训、监督与考核工作的不定期举行，以及目标评估与后续考核工作的开展。因此，要逐步完善监督评估机制。在建立评估机制时，首先，要明确思政教育的硕本联动模式的重点因素在研究生中起到的模范带头作用，在对其学习成绩与科研成果进行考核的同时，需要对综合素质进行考量。其次，加强对研究生的培训，对综合素质进行进一步的提升。除此之外，硕本联动思想政治教育中的工作职责，是对各个学生管理单位进行细致明确，从而实现进一步的互动，促进硕本联动的规范进程。最后，要建立有效的、完整的、健全的工作考评机制，并对效果进行有效延长，在对目标的确立、方法的实施、奖励制度的完善与经验教训的总结积累过程当中，使相关学生群体与学校组织结合相关办法内容进行评价，并对实际的工作内容做出正确的、合理的评价。

4 硕本协同的做法及效果：以北方工业大学为例

高校培养的人才群体虽然有研究生、本科生等不同阶段的划分，但大学生思想政治教育却应该是一个有机的整体。鉴于此，北方工业大学的学生工作部和研究生工作部自2017年开始合署办公，这从体制上为研本思政工作的融合提供了条件。

在硕本跨层次交流中学校主要采取了以下的做法：

第一，朋辈辅导，硕本互动引领指导。深入挖掘利用研究生的学术优势资源，打破阻碍不同年级间交流的传统壁垒，搭建硕本互动的桥梁，在专业学习中针对性地引导本科生形成高效的学习习惯，搭建相对完整的知识体系。例如，每个学院都有国家英语四级考试经验交流辅导、考研辅导。几乎所有学院都开展了针对不同专业学习较差的本科生，由研究生开展结对帮扶活动，充分发挥研究生专业能力，引领本科生成长。再如，学校定期组织硕本学生分专业、分场景开展学术沙龙活动。研究生为本科生讲解专业领域知识，硕本学生共同交流学术知识，开拓视野。这种模式基于平等互动的交流方式，以生动有趣的形式取代枯燥式的说教，依据本科生的学习诉求合理配置教育资源，提供个性化精准辅导，不仅可以提高学生自主学习的积极性，还有利于营造崇尚知识的良好教育环境。近三年来，学校国家英语四级考试首次通过率一直位居北京市各高校前列，考研深造率也逐年提高。

第二，学科竞赛，硕本携手共创佳绩。尊重学生的主体地位，把培养学生作为各项工作的出发点和落脚点，避免硕本联动机制流于形式，将理论与实践相结合，在学科竞赛中鼓励研本携手、以老带新，打造多种硕本联动协同平台,在差异化的学术研究需求中取长补短,培养实践育人的常态机制。例如,2018年土木工程学院所有学科竞赛均采取这种模式,在第七届北京市大学生建筑结构设计竞赛中,包揽三个赛题比赛的一等奖,不仅取得学院参赛历史上最好成绩,而且在整个赛区18所高校中综合成绩位列第一,效果显著。与此同时,在本科生参与国家级科技竞赛的积极性驱动下,学校硕士研究生参与国家级科技竞赛的主动性越来越强,获奖人次由2016年的49人跃升为2018年的172人,极大地激发了研究生群体的创新能力,对促进研究生综合能力的培养有着重要影响。

第三,党团联动,硕本结对共同成长。以党、团支部为重要载体,聚焦实践,采用学生喜闻乐见的形式,获悉学生的成长动态,因时而进,开展形式多样、内容丰富的交流活动。创造社会实践、社区服务等多种实践机会,贴合社会发展需求,进一步把全国高校思想政治教育工作引向深处、落到实处。例如,电控学院、文法学院的研究生党支部与本科生党支部结对共建,计算机学院研究生党支部也采用类似形式,与团支部协同共建,开展各项活动。开展的品牌活动有"学长进宿舍""读书分享会""硕本零距离交流会",共同开展暑期社会实践、"红色1+1"、三下乡活动等。牢牢抓住主流价值观不动摇,发挥党员在思想上的带头作用,强化理想信念,增强明辨是非的能力。与此同时,硕本结对互助有助于给予本科生必要的人文关怀,从而端正其人生态度,帮助其树立正确的世界观、人生观、价值观,并在必要时为其提供心理疏导。

参考文献

[1] 陈霞. 协同论(DSC)视角下高校思政教育协同机制构建[J]. 包头职业技术学院学报, 2018, 19(01).

[2] 刘大伟. 协同理论视域下的德育网络构建[J]. 教育理论与实

践, 2011, 31 (31).

[3] 叶泽权. 基于协同论视角下的高校思政实践团队管理模式创新 [J]. 吉林工程技术师范学院学报, 2016, 32 (11).

[4] 尚亿军, 马加名, 张波. 互动论视角下"研本一体化"思想政治教育模式研究 [J]. 武汉理工大学学报（社会科学版）, 2018, 31 (04).

从严治党背景下高等学校人才培养探究

隋俊宇

摘 要：全面从严治党永远在路上，并且将不断向纵深发展。高校党建要与人才培养中心工作相结合，从严治党要体现在人才培养过程中。在从严治党背景下，全面提高高校人才培养质量应从加强党组织建设、强化管理育人和创建优良学风三个方面发力。

关键词：高校；从严治党；人才培养

党的十九大报告指出，全面从严治党永远在路上，必须"坚定不移全面从严治党，不断提高党的执政能力和领导水平"。这表明十九大后在治党管党领域将继续深入推进全面从严治党，全面从严治党将成为贯穿党的建设体系的主题主线。在高校，党的建设历来与人才培养这个中心工作紧密结合，伴随着从严治党的全面推进，高校将全面提高人才自主培养质量。

1 从严治党背景下高校必然需要全面提高人才自主培养质量

1.1 全面提高人才自主培养质量符合从严治党的内涵逻辑

从严治党的提法首次见诸党的正式文件是在1985年11月24日中央整

党工作指导委员会下发的《关于农村整党工作部署的通知》。党的权威文件第一次提到从严治党则是党的十三大报告，其中有两处提及"从严治党"概念。自此以后，从严治党在党内文件、领导人讲话以及其他党的文献中开始被广泛提到，我们党对从严治党的认识也不断深化。从严治党涵盖两个方面的内容：一是有严肃严格严谨的党章党规；二是严厉地依照党章党规治理、管理党的建设。党的十九大报告指出，"坚持问题导向，保持战略定力，推动全面从严治党向纵深发展"。这就要求将从严治党体现在党的建设的各个方面，体现在各个领域的党的建设中。"党政军民学，东南西北中，党是领导一切的"，从严治党的内涵丰富，在高等学校中，从严治党的内涵就是学校党委履行主体责任，从严治党通过全面提高人才自主培养质量体现出来。

1.2 全面提高人才自主培养质量是从严治党的有效抓手

习近平总书记 2014 年 10 月 8 日在党的群众路线教育实践活动总结大会上指出："各级各部门党委（党组）必须树立正确政绩观，坚持从巩固党的执政地位的大局看问题，把抓好党建作为最大的政绩。如果我们党弱了、散了、垮了，其他政绩又有什么意义呢？"抓党的建设是一项伟大工程，其政治意义远远重于抓经济社会建设，具有十分重要的战略地位。在习近平新时代中国特色社会主义思想的指引下，我们要把全面从严治党的各项目标、要求、措施落细、落小、落实，这样才能抓好党建这一最大政绩，不断将党的伟大事业向前推进。在高等学校，切忌党的建设与人才培养两张皮，为了党建而党建，大张旗鼓地搞各种各样的党建活动，却不关注大学生的学习与成长成才。人才培养是目标管理，人才培养质量是衡量高校办学水平的最重要标准；抓党建是过程管理，党支部工作起决定性的基础作用，党支部工作的成果要体现在人才培养的成果上。

1.3 全面提高人才自主培养质量是从严治党的客观需要

"青年兴则国家兴，青年强则国家强。青年一代有理想、有本领、有担当，国家就有前途，民族就有希望。""中华民族伟大复兴的中国梦终将在一代代青年的接力奋斗中变为现实。"党的十九大报告提到，"全党要关心和爱护青年，为他们实现人生出彩搭建舞台"。在高等学校，关心、爱护青年就要满足青年成长需求，全面提高人才自主培养质量。我们可以想到，在校大学生要"有理想、有本领、有担当"，"绝不是轻轻松松、敲锣打鼓就能实现的"，他们要付出更为艰巨、更为艰苦的努力。学校党委以及各级党组织要积极为党员、广大学生的个人发展创造条件，切实为青年学生办实事，努力办人民满意的教育。

2 从严治党背景下高校全面提高人才自主培养质量的着力点

2.1 突出服务中心，加强高校党组织建设

要深入把握全面从严治党的内涵和规律，增强"政治意识、大局意识、核心意识、看齐意识"，践行"创新、协调、绿色、开放、共享"发展理念，要站在办好中国特色社会主义大学的高度推动学校各项事业的发展。党支部要把组织群众、宣传群众、凝聚群众、服务群众作为重要职责落实好，围绕大学生的切身利益，将人才培养的难点作为党的工作重点，针对在学生自治、学风建设中出现的各种不良现象与不当言论，开展宣传思想工作，引导大学生树立正确的理想信念与世界观、人生观、价值观。党建要善于带动团建，发挥团组织的助手和后备军的作用，创新工作载体、工作方式，利用大学生易于接受的形式加强人才培养工作。大学生党员在政治属性上是党员、在社会属性上是学生，他们的言行举止对其他同学具有很强的示范性和引领性，要广泛开展"党员践诺行动""党员先锋工程"，切实发挥党员在青年学子校园生活中的模范带头作用。

2.2 落实学籍制度，切实强化管理育人。

客观上，我们认为从严治党背后的重要支持因素是党章党规，是依规

治党。依规治党，如果是依靠严格、严肃、严厉的党规去治党管党，那么在实践上一定表现为从严治党。全面提高人才自主培养质量作为从严治党的内在逻辑，同样也要依靠严肃、严格、严谨的管理制度维系教学秩序的有效运行。要把规范管理的严格要求和春风化雨、润物无声的教育方式结合起来，完善学校管理制度，培养学生自律意识，强化科学管理对道德蕴含的保障功能。习近平总书记在全国高校思想政治工作会议上强调，"要坚持不懈培育优良校风和学风，使高校发展做到治理有方、管理到位、风清气正。"学籍管理制度是对高校人才培养目标的生动描述，以文件的具体条款明确规定对学生的学业要求、毕业要求和学位颁发要求，是大学依规行使学籍管理权利的基本遵循。大学的学籍管理制度将大学内涵发展与学生个性发展相结合，从严实施、执行这些制度将强化学生的认同感，最终将制度规定内化为自身约束和自我发展的行动指南。对不适宜在校继续学习的学生和经过多方帮扶仍不用心学习的学生要严肃地依照学籍管理制度办理，从而端正学生学风。对大学生而言，在这种环境和管理态势下，他们将会丢下蒙混过关甚至等待高校在毕业前考试放水的幻想，回到刻苦努力学习的正确轨道上来。

2.3 开展廉洁教育，全面创建优良学风。

学风是高校办学思想、教育质量和管理水平的重要标志，是大学精神和学校校风的重要组成部分。从严治党，大力开展党风廉政建设责任制建设，对大学生开展廉洁教育要全员覆盖。既要教育大学生诚信考试，更要教导他们努力学习，平时没有良好的学习习惯，考试时难免泛起作弊的念头，甚至付诸实施。社会和家庭消耗很多的物质和精神资源来培养大学生，大学生如果不认真学习会造成巨大的资源浪费。笔者认为，不学习是大学生最大的腐败。而预防腐败要比惩治腐败具有更重要的意义，任务也更为艰巨、复杂。我们要加强正向激励制度建设，倡导严管就是厚爱的教育理念，学校要旗帜鲜明地为那些敢于管理和善于管理的教师保驾护航，不要让他们因为勇于扭转学风而受到学生的责难。党团组织要调动行政部门、专任教师、同学朋辈等各方面的积极性，帮助学生认识到他们的核心需求、利益是学习和增长才干。举办大师讲座、学业辅导等，构建良好的学习风气，通过本科生科研，逐步培养学生的创新能力，全面提高人才自主培养质量。

参考文献：

[1] 张书林. 改革开放以来的从严治党：思想演进与逻辑考量——基于党的十九大坚定不移全面从严治党的视阈 [J]. 党政研究, 2017 (6).

[2] 习近平. 在全国高校思想政治工作会议上的重要讲话 [N]. 人民日报, 2016-12-09.

[3] 王伟忠. 新形势下高校学风建设长效机制的探索与实践 [J]. 教育与职业, 2008 (5).

论思想政治教育对大学生抑郁的预防作用

隋俊宇 王亚非

摘　要：近年来，患抑郁症的学生人数逐年增加，呈上升趋势，这引起了社会和媒体的广泛关注。对于一线的思想政治教育工作者来说，这是一个沉重的话题。越来越多的学生患上抑郁症，这使思想政治教育工作者不得不重视这一问题。思想政治教育是影响学生学习、生活和思想的重要教学活动，越来越受到学校的重视。积极探索思想政治教育解决学生抑郁的对策，可以帮助学生正确应对在学习和生活中遇到的有关问题，并提供积极的指导，同时为学生的挫折教育、生命教育及抑郁预防提供可操作性的建议。因此，减少和控制学生抑郁现象并促进社会稳定，从思想政治教育的视角研究应对大学生抑郁的对策具有重要的理论和现实意义。通过对他们周围的学生进行随机访谈，了解他们的学习情况、生活环境、成长背景和心理状态，并询问他们对"抑郁"问题的理解。同时，通过网络和其他渠道收集抑郁症病例的相关资料，并调查其成因。学校要加强思想政治教育，重视对学生的心理健康教育，引导学生树立正确的价值观，充分发挥学校、家庭和社会的共同作用。本文提出的预防学生抑郁的方法取得了良好的效果，可以有效地判断学生是否患有抑郁，为学校思想政治教育提供有针对性的依据。本文在全面分析学生抑郁成因的基础上，研究思想政治教育在预防学生抑郁中的作用，并提出解决这个问题的对策；促进学生热爱生命、珍惜生命，使他们健康成长。强调学校思想政治教育的重要目标应该是培养学生坚定的学习意志、端正的学习态度，以及坚韧不拔的工作精神，为他们今后走上工作岗位打下良好的基础。

关键词：思想政治教育；学生抑郁；预防作用

前 言

随着时代的进步和发展，人们的物质生活水平越来越高。许多学生享受着比过去更优越的物质条件，但他们也承受着更多的诱惑和压力。很多学生患抑郁症的原因如下：第一，家庭因素。父母关系不融洽、家庭暴力可能诱发学生抑郁。同时，忙于工作的父母可能忽视了孩子的身心发展和健康成长。第二，学校因素。学生要面对中考、高考、就业以及其他非常重要的事件，需要承受较大的压力。此外，一些学生可能遭受校园暴力，这样也会使他们抑郁或患上抑郁症。第三，个人原因。有些学生性格内向，不喜欢交流，在面对事物的时候有消极的态度和想法。总之，导致学生抑郁的原因有很多。不仅父母要更加关注学生的情绪问题，学校也要通过思想政治教育帮助学生预防抑郁。本文的研究可以为今后开展思想政治教育提供一些理论依据。

1 有关概念

1.1 学生抑郁

抑郁症是一种情绪障碍，也属于心理疾病。其主要症状为绝望、抑郁、情绪低落，这和普通的沮丧有很大的不同。抑郁的人常常感到痛苦、悲伤，对过去喜欢的事物和向往的活动失去兴趣，因此他们无法感受到生活的快乐。同时，它还会诱发一些持续时间更长、更强烈的消极情绪，如自责、羞愧、愤怒等。目前，抑郁已经成为学生群体最常见的心理问题之一，它会对学生的身心健康发展、日常学习和生活产生负面影响，主要表现为学生成绩下降、与朋友疏远、睡眠障碍、社交娱乐活动减少、无法找到自己的生活价值。因此，我们有必要及时预防学生的抑郁。

1.2 思想政治教育

思想政治教育是指社会或学校集团通过一系列的方法来运用满足社会发展和个人身心健康成长所需的政治观点、思想和道德规范进而对其成员进行有目的、有计划、有组织的教学，以便于这些人能形成符合社会需求的思想品德。

2 思想政治教育对学生抑郁的预防作用

2.1 帮助学生健康成长

学生的个体健康包括身体健康和心理健康。加强学生的思想政治教育，可以使学生拥有积极的心理素质，有助于预防学生的心理和生理疾病，促进他们健康成长和发展。一方面，思想政治教育可以有效地预防学生抑郁。学生抑郁是由过多的消极心理经历造成的，所以我们需要培养学生乐观积极的态度，从而及时有效地防止抑郁的发生。此外，乐观积极的情绪可以使人体系统处于最佳状态，保护身体的健康，同时对心理疾病有不可忽视的缓冲和调节作用。另一方面，通过思想政治教育的应用，学生可以形成良好的心理素质，有效抵抗抑郁。目前，学生需要面对很多压力，如继续教育、人际交往、情感和就业，一些学生的心理承受能力差，不能有效抵抗各种压力，容易抑郁，甚至用极端的方式来解决这些问题。思想政治教育可以帮助大学生拥有积极、幸福的情感，促使大学生培养自信、乐观的心态，甚至帮助一些抑郁的学生重新建立对生活的希望。

2.2 有利于培养高素质人才

学生是国家未来发展的希望，对社会的发展进步有着非常重要的价值和作用，因此所有学校都致力于把学生培养成全面发展的高素质人才。然而，由于各种原因，一些学生情绪低落，抗压能力差，这不仅影响了他们正常的生活和学习，也导致他们的发展潜力和积极的心理素质得不到激发。学生正处于好奇心强、思维活跃、精力充沛的阶段，积极学习生活技能和专业知识，可以获得全面发展。因此，通过运用思想政治教育，学生能更加精神饱满地投入学习，培养乐观、自信的心态，促使学生对未来充满期待，并对自己的生活有更高的追求。此外，思想政治教育还可以激发学生的幸福感和创造力，促进学生的情感状态和认知水平达到最佳状态，从而激发学生的潜能，有效地解决他们面临的许多问题。

2.3 有利于社会进步及和谐发展

社会的主体是人，人对社会的发展起着决定性的作用。个人的发展决定社会的发展，社会的一切活动都与人密切相关。因此，人类和谐是社会和谐的前提。一个人只有保持积极健康的心理状态，才能与周围的人、物、环境和谐相处。同时，学校是社会的一部分，学生的心理状态对于整个校园的和谐有着非常重要的影响。因此，通过开展思想政治教育来预防和消除学生抑郁，降低学生患抑郁症的可能性可以帮助学生保持健康向上的心态，与教师、同学和其他事物相处融洽；反过来说，和谐的校园氛围也能对促进大学生健康成长起到积极的作用。

3 在思想政治教育方面预防学生抑郁的途径

3.1 在思想政治教育方面预防学生抑郁的原则

(1) 学校教育与家庭教育相结合

学校教育和家庭教育对学生的健康成长和发展至关重要。家庭教育是学生心理发展的基础，而学校教育是家庭教育的延伸。缺乏良好的家庭教育，不能使学生养成健全的人格；缺乏学校教育，学生不能形成正确、积极的价值观、人生观和世界观。因此，思想政治教育不但依靠课堂教学，通过课堂教学方法系统地传授思想政治教育的内容和知识，而且需要家庭教育的配合，使思想政治教育形成更强大的力量。此外，在教育过程中应以学生为中心，教师应给予学生心理疏导和帮助，父母应给予物质支持和精神鼓励，使学生能体验学习和生活的温暖，减少抑郁的发生。

（2）社会实践与理论教育相结合

思想政治教育必须坚持理论教育与实践教育相结合，才能保证思想政治教育的作用体现在现实中。理论灌输是思想政治教育的重要方式，但要避免空洞的说教，应引导学生知行合一，在社会实践中砥砺心志。因此，除了应用传统的课堂教学模式，我们还应积极开展相关实践活动，使学生能够将所学的理论内容运用到实践中。此外，通过参加社会实践，不仅可以丰富学生的生活，也不会让学生感到孤独和寂寞，从而尽可能避免学生的抑郁；同时，参加社会实践可以帮助学生提高适应社会的能力，增强抗压能力，在遭受挫折时认清自己，合理地理解自己。

3.2 在思想政治教育方面预防学生抑郁的方法

（1）熏陶与感染

熏陶与感染法是指人们在环境或感染体的影响下有意识或无意识地接受熏陶和感染。这种教育方法适合所有的学生，它可以使学生生活在一个充满活力的集体中，身心都感到舒适。因此，学校可以举办各种校园文化活动，在文艺活动中体现思想政治教育的内容。例如，可以用戏剧、歌曲、舞台剧、心理剧等形式寓教于乐，使学生在轻松愉快的氛围中接受教育。

(2) 情感与理性的结合

过去的思想政治教育没有重视情感的作用和价值。它更多的是解释课本上的理论知识，和生活没有太多的联系，这种课堂教学方法效果相对较差。由于各种原因，抑郁症学生在意志、认知、情绪、行为等方面存在较大问题。教师在对这些学生进行思想政治教育时，必须增加情感关怀，深入了解学生的日常学习状态和生活状况，分析学生抑郁的真实原因，从根源上解决学生抑郁的问题。在这个过程中，教师应保持良好的心理状态，使学生将自己的担忧、苦恼、抑郁等负面情绪发泄出来，并利用这种方式建立心理平衡。在教师和学生之间建立良好的关系后，教师可以按照循序渐进的原则对学生进行心理疏导，尽可能减少学生的抑郁。

(3) 自我激励教育法

自我激励是学生进行自我教育的一种方法，它要求学生对自己有一定的认识和了解，并使用合理的方法来引导和鼓励自己。开展思想政治教育就是要从学生的角度出发，在动机上针对学生的需要，从而激发学生的内在动力。另外，要倡导学生实现自我管理和自我教育，重视学生的培养，使学生能够通过自我暗示和自我激励成长，拥有积极、乐观的心态。

3.3 开展心理健康教育

在思想政治教育中，心理健康教育是一个非常重要的组成部分，也是新时代的必然要求。目前，学生可以通过互联网接受新的思想、制度和价值观。这个过程中，必然会出现一些不良的价值观，影响学生的健康成长，甚至使学生产生厌世的消极态度，进而患上抑郁症。因此，我们要积极开展心理健康教育。一、开设生命教育课程，让学生懂得生命的意义，进而珍惜、热爱自己的生命。二、积极开展心理健康咨询，定期开展心理健康讲座，帮助学生更好地了解抑郁症的形式和特点，并运用合理的方法寻求帮助或自我调节。

后 记

抑郁症已经对越来越多的学生造成了严重的危害，但是我国只有少数学生得到规范的诊疗。导致抑郁的原因有很多，主要包括他们自身的学业压力、无法缓解的人际冲突以及不良的价值观。因此，我们应该借助学校思想政治教育来帮助学生预防抑郁。本文主要论述了学校思想政治教育在预防学生抑郁中的重要作用，提出了思想政治教育在预防学生抑郁中的原则和具体方法，从而帮助学生缓解抑郁。

参考文献：

[1] 王静. 思想政治教育视域下的大学生自杀现象及其对策研究[D]. 南京：南京林业大学，2012.

[2] 梁宝桐，黎海祥，程嘉毫. 团体心理辅导对思想政治教育工作探新的启示[J]. 青年与社会，2020（30）.

[3] 刘洋. 思想政治教育视阈下心理疏导存在的误区及途径探析[J]. 思想理论教育导刊，2019（7）.

[4] 薛峰，王强，张文佳，等. 学生逆境商抑郁及焦虑的相关性分析[J]. 长江大学学报（社科版），2014（2）.

高校外语专业思想政治教育及党建工作存在的问题与对策研究

崔梦含

摘　要：在全球化深入发展、我国越来越融入世界的背景下，高等院校外语专业承担着推动中外交流与合作的重任。本文深入分析外语专业学生所处内外环境的多样性、复杂性，外语专业的专业特点与大学生思想政治教育、党建工作的关联性，列出主要问题，讨论形成原因。从育人主体、党课教学方式探索、新媒体教育渠道、出国党员阶段管理教育等方面研究加强外语专业学生思想政治教育及促进党建发展的对策。

1　高校外语专业学生思政及党建教育的必要性

近年来，我国高校教育普及程度逐渐提高，国际化办学水平也随之不断提升，许多高校外语专业的人员规模和教育水平上都在逐渐上升。外语专业学生的教育培养是改革开放发展的重要保障，也是我国对外贸易活动发展蒸蒸日上的充分条件，同时是中国放眼世界、增强国际化进程的重要步骤。高校外语专业人才的精神面貌代表着中国的国家形象。

高校外语专业学生从年满十八岁步入大学校园，他们就从一个未成年学生逐步成长为社会人。在大学阶段，他们的思想观念、价值观、人生态度和行为都将发生巨大变化。选择外语专业的学生对新鲜事物充满好奇和渴望，他们接受不同文化的能力较强，更倾向于走出校园、步入社会，参加更多有吸引力的社会实践活动。同时，作为年轻人，他们更渴望在社会实践中获得尊重和成功。

对外语专业的学生而言，互联网是非常重要的学习工具。因为专业学习特点，外语专业学生不可避免地需要从互联网中获取更多的专业知识和外界的动态。但是，因为比较缺乏社会经验、辨别能力较弱，高校外语专业学生更容易受到西方意识形态的影响和蛊惑，从而产生比较严重的后果。日趋复杂的外部环境对肩负国家对外开放重任的高校外语人才提出了重要挑战，同时对高校外语专业学生的思想政治教育和党建工作提出了更高的要求。

2 高校外语专业学生在思想政治教育及党建工作中遇到的重难点

2.1 理想信念易动摇，入党动机不端正

高校外语学生中的女生比例较高，在就业时比较倾向外事、安全事业及公务员这些工作稳定、福利待遇较理想的工作岗位。而中共党员在这些岗位的竞聘过程中具有很大优势，这在较大程度上影响了外语专业学生的入党动机。这些学生虽向党组织靠拢，但其实对党组织的认识比较肤浅，仅仅停留在表面上。他们只注重组织上的政治身份改变，功利化成分比较重。

2.2 出国学习流动大，系列教育难形成

为了对外语专业学生进行更加专业化的培养教育，大部分高校的外语专业提供了到相应语言国家的学习交流机会。大部分获得到海外学习机会的学生都是外语专业中比较优秀的共产党员或入党积极分子。他们到海外学习的学校比较分散，与国内时差较长，这就使同学们无法定期上党课接受党性培养教育，无法按时参加支部活动积累经验。同时，由于缺乏有效

沟通，很难对这一部分优秀学生进行持续系统的思想政治教育，并且对他们的教育管理和服务很难形成长期有效的规划。此外，这些优秀的外语专业人才在海外学习时，外语专业学生人数锐减，这在很大程度上也降低了党组织的战斗力和影响力。

2.3 理论学习不深入，政治素养不够高

部分外语专业学生虽然能够长期在国内学习，也保持纯正的入党动机，但是对党的历史和党的知识认识不够，对发展党员的基本步骤不够了解，更对党员的基本责任与义务等内容认识不深入；同时，在西方资本主义文化日复一日地熏陶下，理想信念不够坚定，较容易以自我为中心，缺乏大局意识。

2.4 入党意愿不突出，主动性不够高

很多外语专业学生在学习外国语言的时候很容易走进误区，他们不可避免地接触到很多西方文化，如西方的礼仪和世界观等。而有不少西方的文化习惯与大学生思想政治教育和党员教育特点相互排斥，导致很多缺乏思辨能力的外语专业学生犹豫是否要向党组织靠拢。还有一些外语专业大学生对党组织保持观望态度，他们认为自己未来将要出国学习或者进入外资企业工作，担心中共党员的政治面貌会阻碍自己今后的发展。

3 高校外语专业思政及党建工作问题的对策研究

（1）高校外语专业学生的思想政治教育和党建工作要善于结合学生的实际情况，尝试引导学生辩证性地看待不同的文化。同时，加强培养学生的政治敏锐性，教导学生学会独立辨别，从而帮助学生提高抵制不良文化侵害的能力，树立起共产主义的坚定理想信念。

（2）推进"三全育人"原则，发挥外语专业教师党员的引领作用。高校外语专业授课形式一般采用每班20~30人小规模教学，专业课程安排

多，教学时间长，教师与学生交流机会多。所以，外语专业教师较辅导员在学生中威望高，这些党员教师对学生的思想政治教育和党建引导效果较好，更容易被学生所接受。

（3）将党课与形势政策课相结合，充分发挥思政教育的作用。外语专业学生一般对西方国家政治经济状况比较关注，可以借此在党课上与我国对比分析，借助学生熟识的能引发学生学习热情的素材，帮助外语专业学生正确认识我国和西方资本主义国家的根本区别。

（4）鉴于外语专业学生经常被派往国外学习交流，逐步探索外语专业党支部活动形式是一种新型强化教育的方式。如利用新媒体网络平台在互联网上唱响时代主旋律。

（5）探索出国党员和积极分子的各个阶段监督管理和教育服务模式。注重行前教育，强调国外法律法规，督促学生提前做好个人学业规划；保持与国外学生的沟通交流，按期汇报在国外学习的思想动态；重视返回过渡，提醒归国学生与国内党员的交接交流，告知学校及系里的工作和学业进展，帮助学生及时适应归国生活，找到组织的归属感。

大学生思想政治教育及党建工作是高校育人工作的重要组成部分，外语专业的学生更要重视思政和党建工作，不断尝试在实践中摸索经验，注重学生的思想动态和实际需要，改善不足，提升外语专业学生思政和党建工作质量，推动高校党建工作持续发展。

高校公民教育与思想政治教育之"集合"关系初探

田儒基

摘要： 公民教育及思想政治教育是我国构建和谐社会的基础工程。在社会主义转型的新时期，如何培养优秀的建设社会主义的现代公民，成为社会各方面关注的焦点。而高校是公民教育和思想政治教育的重要场所，正确理解公民教育和思想政治教育的关系对我国如何将大学生培养成为合格的现代公民具有现实指导意义。

关键词： 公民教育；思想政治教育；"集合"关系

关于高校思想政治教育和公民教育的关系自十七大以来一直是学术界争论的焦点，这二者的关系基本可以总结为"替代说""转型说""融合说"等，无论哪种观点，都没有对思想政治教育与公民教育的关心做具体的界定，因此关于两者的关系没有明确的划分和分析。本文通过资料的分析和总结，引用数学上的"集合"概念，数理分析两者的关系，使两者关系更加直观易懂。

一、公民教育与思想政治教育之目标"集合"关系

如果要解决"如何"的问题，必须先解决"是什么"的问题。关于公

民教育的内涵，众多学者都有自己的界定范围，本文通过广义和狭义两个层面对其进行定义。狭义上的公民教育指的是旨在培养参与国家或社会公共生活的社会成员必要的公民知识，使公民具备一定的公民意识和政治能力的活动和过程。广义的公民教育则指不仅旨在培养社会成员具备一定的公民意识和政治能力，还包括对社会成员进行思想道德和思想政治教育的活动和过程，此定义重在指出公民教育是关于如何成为一名合格的好公民的，合格的好公民包括其在思想政治领域的合格以及实践活动中的合格，此定义也是笔者采用的观点。思想政治教育是指社会和社会群体用一定的思想观念、政治观念、道德观念，对其成员施加有目的、有计划、有组织的影响，使他们形成符合一定社会要求的思想政治品德的社会实践活动。思想政治教育受社会政治、经济、文化的制约和影响，为一定的社会政治、经济、文化服务，体现了一定社会统治阶级的利益。公民教育重在培养人们的公民意识，即公民的权利意识和义务意识、国家与民族意识、民主与法治意识，并使其内化为公民个体的发展要求，为塑造合格的现代公民提供内在动力；而思想政治教育重在启发人们的思想觉悟，增强其社会责任感，用价值观、人生观和道德观等意识领域的概念影响其作为公民、国民的意识观念，为塑造合格的社会主义接班人服务。基于两者的不同，本文从不同方面对两者的关系进行阐述，这时就引入了"集合"的概念。因采用"集合"的概念对两者关系进行分析，现将广义的公民教育定义为集合A，思想政治教育定为集合B，全集为U。

从两者的定义可以看出，高校公民教育与思想政治教育的目标有一定的重合性。高校思想政治教育的目标是培养思想政治觉悟高、道德水平高的"四有公民"，而公民教育的目标是培养现代公民，"四有公民"和现代公民在思想意识上的目标是一致的。也就是说，高校的公民教育和思想政治教育的实质都是为了造就千百万为社会主义现代化建设服务的合格公民和劳动大军，两者都是为了党的教育事业服务的。社会主义现代化的合格好公民必须具备思想领域和政治实践领域的优秀品质，而思想政治教育的重点是其用思想意识领域的观念去影响公民的行为。因此仅仅从思想领域的角度而言，公民教育的思想意识领域与思想政治的目标具有高度的重合性，即{A思想目标}={B目标}，如图1。

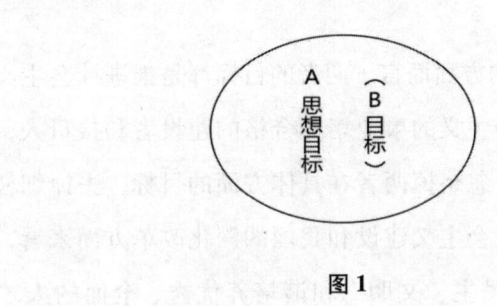

图1

由图1可知，公民教育的思想目标与思想政治教育具有重合性，也就是说，公民教育的非思想领域被划分在此目标之外，并成为思想政治目标所没有提及的部分，这里主要指公民教育关于公民权利、公民义务和公民意识的培养，以及其对公民的具体教育实践。因为广义的公民教育目标偏重在培养大学生的公民意识和政治能力方面，不仅如此，其更加强调一个合格的公民该如何把公民权利、公民义务、公民意识等内化为对自身的发展要求，并做出成为现代优秀公民的具体行动。所以，思想政治教育的目标仅仅是公民教育中的思想领域，则思想政治教育的目标属于公民教育的目标，即{B目标}⊆{A目标}，如图2，且在目标方面，B是A的真子集，继而{A目标}∩{B目标}={公民教育思想方面的目标}，如图3。

图2　　　　图3

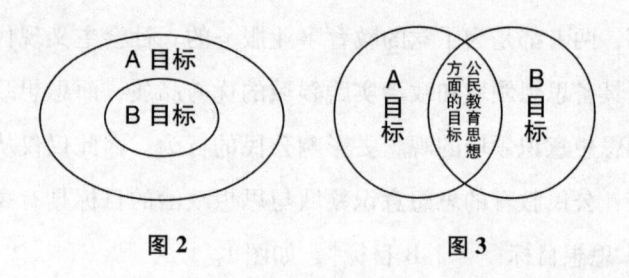

但是从"大教育"的方面而言，两者的目标都是推进社会主义现代化进程的基础工程，为社会主义的事业培养合格的建设者和接班人，都是为党的教育事业而服务的；忽略掉两者在具体方面的目标，去掉细枝末节的要求，从推动中国特色社会主义建设和我国的深化改革方面来看，两者都是为实现我国的富强、民主、文明、和谐培养优秀、全面的人才而服务的。因此从"大教育"角度而言，两者的目标具有同一性，{A目标}＝{B目标}，如图4。

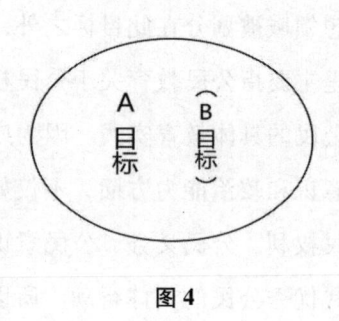

图4

二、公民教育与思想政治教育之内容"集合"关系

高校公民教育与思想政治教育的内容广度和侧重点都有所不同，公民教育目标涉及的范围较思想政治教育广泛，包括公民的道德、文化、思想、教育、政治、经济、社会、生活、法律、心理、身体、能力和职业等各方面的教育，关注个体公民的全面素质和全体公民的整体素质问题，强调思想意识和实践的结合。而思想政治教育侧重世界观、人生观、价值

观、政治观和思想道德等方面的教育，主要解决思想和政治领域的问题。在此，若剔除公民教育和思想政治教育中的侧重倾向，仅仅从内容的陈列分析其关系，可以得出思想政治教育是属于公民教育的，因此仅从内容陈列上看，{A内容}⊇{B内容}，如图5。

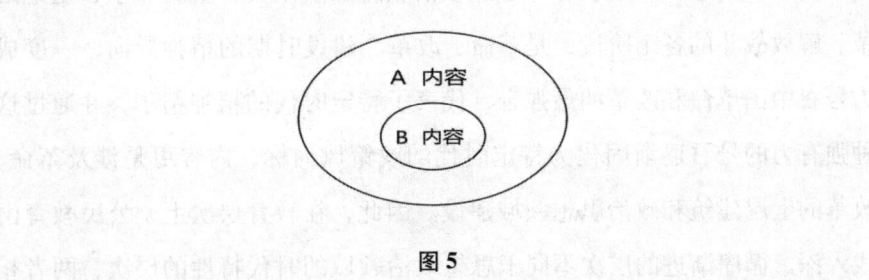

图5

从两者定义的对比可以看出，公民教育强调的是个人与社会、国家等的权利、义务关系，并且公民教育不仅重视其内容的提出，更加强调其内化为实践活动方面；而思想政治教育强调用世界观、人生观、价值观等给公民带来的思想影响，使其固化为公民脑海的行动意识。内容陈列的叠加，内容倾向的侧重，更好地融合了思想和实践的要求。因此，从两者内容和倾向要求上可以得出，{A内容}∪{B内容}=U，如图6。

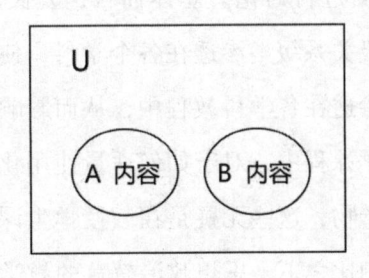

图6

而从内容的层次性方面探索，可以看出，公民教育是根据公民不同年龄层制定的由浅入深的教育，它影响了一个公民的各个方面，是一种逐层递进、由浅入深的教育内容,从基本的素质要求,逐渐随着年龄、阅历和知识的积淀,不断更新,提出新的要求,公民教育的内容环环相扣,而又循序渐进地加深、加强,具有较强的系统性、层次感。而思想政治教育则是较高层次的意识领域教育,思想政治教育的产生贯穿抗日斗争、土地改革、解放战斗的各个阶段,是革命、改革、建设时期的精神导向,一度成为号召中国革命和改革的最强音,代表了特定时代的精神精华,并通过这种强有力的号召逐渐固化为特定时代的政策风向标,内容更是涉及革命、改革的上层建筑和政治思想领域建设。因此,在教育层次上,公民教育由浅入深、循序渐进的层次不同于思想政治领域的时代特性的层次,两者相互补充、相互促进,共同构成"大教育"的教育基础。所以,考虑到公民教育和思想政治教育的内容层次,两者则是相互补充,即{A内容}∪{B内容}=U,如图6。

三、高校公民教育与思想政治教育方法上的"集合"关系

关于高校公民教育与思想政治教育的方法论述,可以从它们的教学方式和途径选择两个方面进行讨论。总体而言,公民教育的方法具有隐蔽性、渗透性,隐藏阶级关系缓慢渗透在各个学科,使各学科的教授者以一种不自觉的方式将其渗透在各学科教程中,从而影响着受教者的言行和思想意识。例如,在化学课程中,对于如何适量使用化学试剂,如何处理有毒、有污染性的化学产物,这些无疑是在教授学生课程知识的同时,增强了其绿色环保意识。相比之下,思想政治教育的教学大多是采取旗帜鲜明的号召形式,这种鲜明的显性教育方式的效果在抗战、土地革命、解放战争时期尤为明显。采用的这种显性教育方法,不断用旗帜鲜明的政策理论进行灌输,固化学生的思维模式,潜移默化地影响学生的思想行为。因此,两者无论是在教学方法还是在路径选择上都有不同之处,但也有着紧

密的联系。

  在教学方式上，公民教育渗透在各学科之间，方法灵活，不拘泥于单一的课堂教育，其教育方式大多是实践和理论的结合，并强调学生的自主创造性。而思想政治教育的方式采取显性的灌输方式，这种"填鸭式"的教育方式，在增强思想意识上效果鲜明，然而在权利义务的教学上，不及公民教育的自主灵活性，很难提升其自主创造性。从这点上看两者的教育方式并非完全没有交集，两者的交集正是实践和理论相结合的课程或者意识层面的实践活动，即A∩B=｛实践理论的结合教学｝，如图7。大学课程中，公民教育没有被提上教学课程表，然而作为统治阶级上层建筑主要课程的《思想道德修养与法律基础》《中国现代史纲要》《马克思主义基本原理》《毛泽东思想、邓小平理论和"三个代表"重要思想概论》四门思想政治课程，在高校教学中，不断担当思想旗帜的作用，引领思想潮流，为大学生提供正确而又光明的思想指引。但是，现在的教学也多采取"灌输模式"，现阶段带有实践阶段的课程改革成为教学新潮流，如一些学校的思想政治实践课程的设置，这恰恰是公民教育与思想政治教育在方式上的"交集"，也就是说，在教育方式上，公民教育和思想政治教育存在共同区域，即｛A教学方式｝∩｛B教学方式｝=｛实践理论的结合教学｝，如图7。

图7

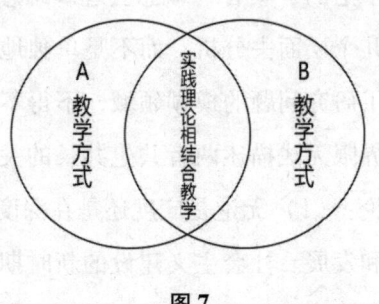

在途径选择上，教育部规定的四门课程成为思想政治教育的主要阵地，课堂的理论教学成为其主要传授手段。而公民教育的教学可谓五花八门，如志愿活动、社团实践、社区服务、创业就业实践等，这些活动引导学生在实践中增知识、受锻炼，使学生体会到自身的责任感，从而真正增强学生的公民意识。从这方面而言，思想政治课程教学只是可以传授公民教育的一种途径。不得不注意到一个问题：思想政治教育课程不是为公民教育而设定的，所传授的重点也不一致，不在一个意识领域，但是它又在一部分上传授了属于公民教育的知识。所以总体而言，思想政治教育课程不仅是思想政治的教学阵地，也是公民教育最基本的一种途径，即 ｛B教学途径｝ ⊆ ｛A教学途径｝，如图8。

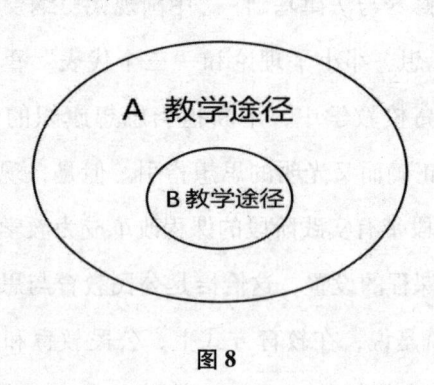

图8

由此可见，用数学上的"集合"概念去理解思想政治与公民教育的关系，可以把问题分为几个层面去分析，而不是单独地去理解两者的区别与联系，这种方法避免了研究问题的模糊领域，不得不承认这种方法也有其局限性，过于严格的界限无法描述两者共生共长的关系。但从本文的论述中，不难得出以下结论：(1) 无论是广度还是在深度上，公民教育都是对思想政治教育的补充和发展。社会主义建设的新时期，培养合格的社会主义和党的接班人的任务成为不可避免的重要话题，然而传统的思想政治教育方式和内容无法匹配时代变化带来的新需求，公民教育的提出补充发展了思想政治教育，在坚持思想政治教育旗帜的情况下，为培养现代公民提供更好的途径。（2）公民教育与思想政治教育不是取代与被取代的关系。公民教育与思想政治教育虽都是我国社会主义建设的基础工程，两者在目标、内容和途径上都有一定的关联性，但这并不表示两者是一方取代另一方的关系，也不是绝对对立、毫不相干的关系，而是相互促进、相得益彰，不同时期相互扶持的关系。

综上所述，当代的思想政治教育和公民教育都是社会主义建设时期以"基本国情"为基础的特殊教育产物，如果要探索如何培养素质全面的社会主义接班人，即弄清楚"怎么做""如何做"的问题，就必须弄清楚"是什么""为什么"的问题，只有弄清楚研究对象的本质，才能有正确且有效的方法。提高公民的公民意识，培养合格的社会主义建设者，必须根据现阶段的"病灶"理清"病理"，把握公民教育与思想政治教育的关系才能真正开出"药方"，培养素质全面的现代公民。

参考文献：

[1] 班秀萍. 公民教育：高校思想政治教育的突破口 [J]. 理论前沿，2010（7）.

[2] 丁克. 对高校大学生公民教育的思考 [J]. 思想教育斩究，2010（7）.

[3] 杨福禄. 和谐社会构建中的公民教育问题研究 [M]. 济南：山东人民出版社，2010.

[4] 胡伟. 中国公民社会与民主政治关系研究 [D]. 太原：山西师范大学，2010.

[5] 李新月. 我国大学公民教育研究 [D]. 武汉：华中科技大学，2011.

论高校思想建设中要处理好的三种关系

田 野

摘　要：加强高校的思想政治工作，要处理好思想建设与大学生的专业学习、课余生活及就业工作的关系。处理好思想建设与专业学习的关系，要坚持思想建设优先原则，促进思想建设与专业学习协调发展。要处理好思想建设与课余活动的关系，就要发挥课余活动的载体作用，将思想建设与课余活动相结合。要处理好思想建设与就业的关系，不仅要发挥思想建设在应聘中的作用，还要坚持思想教育在学生毕业后的延续性。只有通过不断的努力，才能将高校的思想建设做实、做细、做好。

关键词：高校思想建设；专业学习；就业

党的十九大对青年一代提出了殷切希望。报告明确指出："青年兴则国家兴，青年强则国家强。"做好青年一代的思想工作，重点在巩固高校思想政治这一阵地。习近平总书记指出："高校思想政治工作关系高校培养什么样的人、如何培养人以及为谁培养人这个根本问题。要坚持把立德树人作为中心环节，把思想政治工作贯穿教育教学全过程，实现全程育人、全方位育人，努力开创我国高等教育事业发展新局面。"如何才能贯彻总书记的讲话精神，笔者认为要从实际问题出发。

当代大学生普遍存在的问题：随着经济的发展，青年一代在物质生活极其丰富的同时，思想上缺乏信仰；学习上缺少动力，没有明确的人生目标；生活上没有养成良好的习惯，兴趣低级乏味。面对这样的问题，只有加强高校的思想政治工作，从思想源头把控青年的发展。本文拟从高校思想建设与大学生生活学习的关系入手，重点论述思想建设与大学生的专业学习、课余生活及就业工作的关系，从实际问题出发，探讨高校思想建设的新发展。

1 要处理好思想建设与学生专业学习的关系

1.1 思想建设与专业学习的相互关系

思想建设与专业课学习之间的关系如何？这个问题是思想建设工作开展的基础，因为学生在大学中主要是以专业学习为主，如果不能理顺思想建设与专业学习的关系，就是脱离了高校的主要任务，这必然会影响思想建设的作用。本文认为，思想建设与专业学习之间的关系既有区别也有联系。

（1）差异性

一方面，要承认思想建设与专业学习之间是有一定差异的。专业课教育的目的是让学生们掌握相关的专业知识，而思想建设的目的是提高学生的道德水平和社会责任。虽然知识的学习都包括对人整体素质的提高，但是在具体的方法上，专业学习偏重于具体内容的学习；而思想建设偏重于抽象理论，具有高度的概括性。另一方面，专业知识的学习尤其是理工类学科的学习注重严谨的实验数据，而思想建设教育注重与个体的交流，是在潜移默化中影响个体的发展。因此，思想建设与专业学习之间具有差异性。

（2）同构性

思想建设与专业学习都是大学生教育的重要环节，从教育的理论上看，两者都是以语言为中介，自觉地、积极主动地掌握社会的和个体的经验的过程。从认识论的角度看，两者都是从客观存在到主观认识的过程，是主观与客观世界的统一，是来源于实践并且指导实践的学习活动。所以，思想建设与专业学习具有认识的同构性。

（3）融合性

虽然思想建设与专业学习有差异，但两者也具有认识上的同构性，因此存在将两者融会贯通的可能性。融合性是指在两者之间并非全有或全无的对立关系，而是你中有我、我中有你的融合关系。在思想建设中，能够也必须加入一定的专业知识传授，只有这样，思想建设才饱满；在专业学习上也要加入一定的思想建设内容，只有这样专业学习才有方向。现在高校的思想建设实践已经证明，空洞的思想建设效果不佳，而与专业相结合的思想建设才有生命力。这也反映出两者之间的融合性。

1.2 处理好思想建设与专业学习关系的原则

（1）思想建设优先原则

加强思想建设与专业学习的融合性，要坚持思想建设优先的原则。没有思想建设指导的专业学习是不全面的，如果一个学生仅仅具有专业知识，而思想道德水平较低，会收到适得其反的效果。这对社会不仅无益，反而有害。另外，一个思想道德水平不高的人，在专业学习中也是无法深入的。古今中外，大学问家不仅要有扎实的知识水平，更要具有持之以恒的刻苦精神。所以，在高校教学中应该坚持思想建设有限原则，把思想建设放在首位，要形成先学做人、后学做事的顺序。

（2）专业学习落实原则

专业学习的主要任务是将思想教育的成果落实到学习中去。当然，思想教育无法代替专业学习的内容。这种转化是发生在思想内部的，即将思想教育的内容内化为个人的修养与认识，再以此进行专业课的学习。专业课对思想教育的落实是有必要的,若没有实践检验,便无法了解思想教育的成果,也无法体现两者的融合性。因此,抓落实即是抓思想,两者相辅相成。

（3）协调发展原则

在思想建设的基础上,落实专业学习,处理两者的关系还要坚持协调发展。不可一味加大思想建设的力度,也不可完全以专业课学习为主,两者的比例要协调。控制比例的分配,应该从学习的实践出发。比如,在学习中缺乏动力,没有方向,那么应该加强思想建设;如果学习上出现了困难,需要专业知识来克服,那就应该加强专业学习。要做到思想的学习是专业落实中的学习,专业的学习是思想教育下的学习。

2 要处理好思想建设与学生课余生活的关系

2.1 思想建设与学生课余生活的相互关系

参加学校组织的各种活动是大学生活的重要组成部分。与专业学习相比,课余活动具有形式的多样性、内容的丰富性等特征。因此,课余活动较之专业学习更易于被学生接受。那么,思想建设与学生课余活动的关系如何呢?

（1）思想建设的基础作用

思想建设无疑发挥着基础作用。第一,思想建设为课余活动提供了思路和素材。很多课余活动都以思想建设为内容。第二,思想建设为课余活动提供了方向和路径。课余活动的形式和内容是多种多样的,但其中也存在部分不合时宜的内容。这就需要思想建设能够为活动提供好的方向,确保活动形式正确。第三,思想建设为课余活动提供了保障。课余活动要保证政治正确,不违反党和国家的政策和法律规定。因此,通过思想建设从源头给予正确引导,在过程中给予明确监控,是对课余活动顺利进行的重要保障。

(2) 课余活动的载体作用

单纯的思想教育往往不生动、不具体，只有发挥课余活动的多样性，才能调动学生的学习积极性。课余活动是思想建设的载体，它不仅发挥着传播的作用，还发挥着引领作用。课余活动迫使我们在考虑思想教育时，要适应学生对多种活动形式的要求，要适应新科技、新潮流的发展。课余活动是载体，所以形式可以多样，但必须能够起到载体的作用，不能体现思想教育的课余活动是不成功的，这也是检验课余活动的重要标准。

(3) 思想建设与学生课余生活的结合

在大学中，思想建设与课余活动是紧密结合的。一方面，思想建设为课余活动提供内容，并为之保驾护航；另一方面，课余活动是思想建设的载体，丰富了思想建设的形式。两者的结合是内容和形式的结合，不能只追求形式的新颖和多样，而忘记了内容的初心，坚持以正确的内容为导向，发挥形式的多样性，才能将两者有机地结合起来。

2.2 处理好思想建设与学生课余生活关系的方法

(1) 丰富课余活动的形式

在坚持思想教育为主的基础上，采用何种活动形式是处理思想建设与课余活动关系的关键。丰富多彩的活动形式会促进思想道德教育入心、入脑。随着科技的发展，新的媒介不断涌现，如微博、微信、视频共享等等。如果还是将活动形式局限于晚会、座谈会等，那么就会跟不上青年一代的思想发展。从实际出发，用青年人听得懂的、愿意听的声音喊出时代的精神，正是思想建设在新时期的发展方向。

(2) 注意新媒体的运用

在信息时代，谁掌握了信息传播的控制权，谁就控制了思想的主阵地。因此，在传统媒体日渐式微的情况下，掌握并运用新媒体是高校思想建设的重点。运用微信、微博、视频传播等新媒体，使思想建设传得广、传得好。同时，为了使思想建设入心、入脑，要探索新媒体的传播方式，形成线上与线下结合、实体与虚拟结合、宏观与微观结合的传播模式。

（3）运用大数据的能力

大数据是指利用常用软件工具捕获、管理和处理数据所耗时间超过可容忍时间的数据集，它是分析学生思想动态的重要手段。通过对大数据的分析，可以了解到学生对哪些问题感兴趣、对哪些问题有困惑。通过组织相关的活动，可以有的放矢，重点解决思想上的问题。大数据的另一个功能在于它的变化趋势对今后的工作有着指导意义，比如在什么时间段、什么年纪可能会出现哪些问题。这就为今后的工作提供了方向，有目的地举行活动。

3 要处理好思想建设与学生就业的关系

3.1 思想建设与学生就业工作的关系

高校学生的就业情况是检验高校思想教育与专业教育成果的标杆。成功的思想建设不仅能够提升个人的思想道德水平，也可以在学生就业时给予很大的帮助，在其今后的工作中也会继续发挥作用。所以，研究思想建设与学生就业的关系就十分重要。

（1）思想建设对学生就业意向的影响

很多学生就业时是迷茫的，不知道自己想干什么，也不清楚自己能干什么。因为无知，所以恐惧。而工作岗位供给的不平衡性也加剧了高校就业的难度。想招人的岗位找不到人，而想就业的人又找不到工作。这种不平衡需要通过对学生的思想教育解决。通过树立正确的择业观，鼓励学生到需要自己的地方去。同时，也应该让学生们了解到，从基层做起，也可以实现自己的价值，实现自己的梦想。另外，很多学生害怕就业，不愿就业,这也需要通过对他们进行思想教育,鼓励他们积极参与就业,为社会和国家输送人才。

(2) 用人单位对思想建设工作的要求

多年的实践证明,思想道德水准较高的学生在求职就业中会获得更多的机会,这反映出用人单位对人才思想道德的高要求。许多单位要求毕业生是党员,在公务员招录中表现得更为明显。因此,思想建设在学生就业中是实实在在发挥作用的。要让学生认识到思想建设的重要性,认识到工作就业中可能遇到的种种困难。当求职遇到困难时,不能自暴自弃,更不能妄自菲薄,要勇敢地面对各种机遇与挑战。这也需要在思想建设中加强挫折教育,提高学生的抗压能力。总的来说,一方面,用人单位对学生的思想道德水准有更高的要求;另一方面,学生需要通过思想道德建设来面对应聘中的各种困难。

(3) 离开高校后思想建设的作用

高校育人要秉持全员育人、全程育人、全方位育人的思路,对学生思想道德的建设要有延续性。在校期间,思想建设是通过与专业课学习相结合,以各种活动为载体,充分运用学校的资源来实现的。而在学生毕业之后,这种教育应该具有连续性。比如,现在很多高校通过成立校友会,将毕业生凝聚在一起,这样既可以加强学生与学校之间的关系黏性,又可以对毕业生进行持续的思想建设,让毕业生不忘在母校的所学、所悟,甚至通过对学校的捐款表达对学校发展的支持。这正表现了高校思想建设的延续性。

3.2 处理好思想建设与学生就业关系的思路

(1) 以人为本,发挥思想建设工作的引导作用

要坚持思想建设在就业中的引导作用。一方面,通过思想建设让毕业生主动就业,打破等、帮、靠的思想,发挥主观能动性;另一方面,要引

导毕业生到祖国需要的地方去，到工作需要的地方去。在就业思想教育中要以人为本，不同的学生，思想建设的方向亦有不同，从实际情况出发，发挥思想政治工作的作用。

（2）从实际出发，发挥思想建设工作在应聘中的价值

要让学生了解思想建设在就业中的价值，使学生在大学期间主动接受思想教育，利用思想教育在工作和就业中得到的切实效果，促进思想教育真正落地，发挥效果。学校应该提前了解用人单位的用人需求，在思想建设中有针对性地开展工作。前期高质量、连续性的思想工作，才能使学生在毕业就业时占有先机。

（3）以榜样的力量，发挥思想建设工作的延续性

要处理好思想建设与就业的关系，还要注意思想工作的延续性。特别是树立优秀毕业生的典型，让广大毕业生向榜样看齐，继续发扬学校的优秀学风，将学校的思想教育成果带到工作岗位上去。每一个毕业生都是学校思想教育的成果，若学生得到用人单位的好评，那么自然就会有更多的学生得到工作机会，这样就可以形成良性循环。还可以通过校友会、校庆等活动，让毕业生再次回到学校，回到梦开始的地方，用熟悉的课堂再次激发他们前进的动力。

高校的思想建设不是玄幻的，而是实实在在地发挥着作用的。它与专业课学习相结合，通过各种学校活动，潜移默化地影响着青年一代。它不仅在学习上发挥着作用，也在就业中扮演着重要的角色。做好高校的思想政治工作，不仅关系着高校教育的成败，也决定了一个民族的前途与命运。让我们以十九大精神为指引，在新时期中国特色社会主义建设中，不忘初心，砥砺前行，将高校的思想建设做实、做细、做好。

参考文献：

［1］傅树京．高等教育学［M］．北京：首都师范大学出版社，2007．

[2] 朱文彬，赵淑文主编．高等教育心理学［M］．北京：首都师范大学出版社，2007．

[3] 孟小峰，慈祥．大数据管理：概念、技术与挑战［J］．计算机研究与发展，2013（1）．

浅谈如何开创德育事业发展新局面

陈煦婷

摘要：为积极响应习近平总书记在全国高校思想政治工作会议上强调的"把思想政治工作贯穿教育教学全过程，开创我国高等教育事业发展新局面"的号召，认真学习习近平总书记重要讲话精神，提高教育工作者思想认识，解决教育过程中突出问题，认真抓好教学任务落实，进一步加强高校思想政治工作，突出德才兼备，努力实现高校生的全面发展，培养出一批政治素质过硬、专业技能突出的优秀人才。本文通过把准方向，对认识、开创、完善德育事业发展新局面进行研究，力求实现高校德育事业贯穿教育教学全过程。

关键词：新局面；思想政治工作；教育工作；德育

习近平总书记在全国高校思想政治工作会议上强调："把思想政治工作贯穿教育教学全过程，开创我国高等教育事业发展新局面。"高校思想政治工作关系高校培养什么样的人、如何培养人以及为谁培养人这个根本问题，要坚持把立德树人作为中心环节，把思想政治工作贯穿教育教学全过程，实现全程育人、全方位育人，努力开创我国高等教育事业发展新局面。因此，开创德育事业新局面正当其时。

1 认识新局面

思想政治教育是保障学生世界观、人生观、价值观等重要思想观念正确性的关键教育手段，它决定了学生是否能够将在学科教育及专业教育中所学到的知识与技能正确运用于国家及社会的建设中。思想政治教育的有效开展是满足新时代社会人才要求的重要方式，在各阶段的教学中都应予以重视。促进教学效果的提升，为学生的全面发展提供更多可能，让思想政治教育贯穿教育教学全过程是必然趋势。

德育教育是新时代高校思想政治教育对学生教育的重要内容，是学生成长和发展的重要基础。德育教育可以使学生掌握人生观、世界观的概念及有关的系统知识，在掌握知识的基础上，通过实践获得经验，并使之转化为观点和信念。德育教育也是对人的各方面思想、观点产生影响的教育，它以辩证唯物主义、历史唯物主义为指导思想，以对整个自然界和人类社会发展规律的认识为基础，逐步引导学生确立科学的人生观、世界观、价值观，注重道德培养，在实际学习生活中形成具体的生活态度和理想。为达到预期效果，这就要求高校德育教育并不独立于任何教育，应全程参与其中，与教育教学相结合，相辅相成，普遍联系，形成共振。

2 开创新局面

习近平总书记强调，我国有独特的历史、独特的文化、独特的国情，这决定了我国必须走自己的高等教育发展道路，扎实办好中国特色社会主义高校。我国高等教育发展方向要同我国发展的现实目标和未来方向紧密联系在一起，为人民服务，为中国共产党治国理政服务，为巩固和发展中国特色社会主义制度服务，为改革开放和社会主义现代化建设服务，培养出一批批德、智、体、美、劳全面发展的大学生。

2.1 加强组织建设，突出政治功能

"基础不牢，地动山摇。"习近平总书记强调，高校党委对学校工作实行全面领导，要加强高校党的基层组织建设，创新体制机制，改进工作方式，提高党的基层组织做思想政治工作能力。要做好在高校教师和学生中发展党员工作，加强党员队伍教育管理，使每个师生党员都做到在党爱党、在党言党、在党为党。回顾历史，苏联在20万党员的时候夺取政权，在2000万党员的时候却丢了政权，其原因是忽略了党组织建设和其政治功能。反观中国红军长征过草地，支部建在连上，跋山涉水两万五千里，最后取得抗日战争的胜利，原因在于我党十分注重党组织建设，充分发挥其政治功能。因此，加强组织建设是开展新局面的核心，只有强有力的组织堡垒才能保障思想政治工作的顺利进行。

2.2 补足精神上的"钙"，预防"软骨病"

习近平总书记指出，理想信念就是共产党人精神上的"钙"，没有理想信念，理想信念不坚定，精神上就会"缺钙"，就会得"软骨病"。这决定了教育工作者要以身作则，补足精神上的"钙"，对党的先进理论真学、真信、真懂、真用，从根本上意识到思想政治教育工作的重要性，学习用党的先进理论指导开展思想政治工作，加强大局意识、核心意识和看齐意识，准确把握教育方向。师者，不仅要传道授业解惑，更要明大德、守公德、严私德。著名哲学家、哲学史家、国学大师张岱年先生把中华民族精神概括为"自强不息""厚德载物"。作为"高山仰止，景行行止"的国学大师，他终生勤勉，致思学问，造福祖国的文化事业，是我辈思政工作者的楷模。故而，补足精神上的"钙"是实现新局面的关键。

2.3 增强意识防范、建立思想防线

明大德是国之旋律，增强意识防范、建立思想防线是我们高校思想政治教育的重要内容。习近平总书记强调，要教育引导学生正确认识世界和

中国发展大势，从我们党探索中国特色社会主义历史发展和伟大实践中，认识和把握人类社会发展的历史必然性，认识和把握中国特色社会主义的历史必然性，不断树立为共产主义远大理想和中国特色社会主义共同理想而奋斗的信念和信心；正确认识中国特色和国际比较，全面客观认识当代中国、看待外部世界；正确认识时代责任和历史使命，用中国梦激扬青春梦，为学生点亮理想的灯、照亮前行的路，激励学生自觉把个人的理想追求融入国家和民族的事业中，勇做走在时代前列的奋进者、开拓者；正确认识远大抱负和脚踏实地，珍惜韶华、脚踏实地，把远大抱负落实到实际行动中，让勤奋学习成为青春飞扬的动力，让增长本领成为青春搏击的能量。当下俄罗斯与乌克兰发生局部战争，应时刻警惕西方势力发动舆论战争，教育工作者应加强对学生的德育教育，及时准确识别西方媒体用意，关注学生思想动态，认真学习习近平总书记重要讲话，引导新一代大学生能主动应对意识形态领域的思潮入侵，自觉提高思想政治素养，培养大局意识、政治意识，成为党的优秀接班人。

2.4 筑牢孵化基地、提升教学质量

习近平总书记强调，教师是人类灵魂的工程师，承担着神圣使命。大学是国家和社会人才培养基地，一批又一批优秀学子从这里迈向社会主义新征程。教育工作者要坚持教育者先受教育，努力成为先进思想文化的传播者、党执政的坚定支持者，更好地承担起学生健康成长指导者和引路人的责任。习近平总书记还强调师风建设，坚持教书和育人相统一，坚持言传和身教相统一，坚持潜心问道和关注社会相统一，坚持学术自由和学术规范相统一，广大教师应以德立身、以德立学、以德施教，扮演好学生健康成长的指导者和引路人的角色。

3 完善新局面

百年树木，十年树人。认真学习习近平总书记关于思想政治工作贯穿

教育教学全过程,开创我国高等教育事业的发展新局面的思想,作为教育工作者应提高思想认识、解决突出问题、抓好任务落实。

3.1 抓核心

习近平总书记指出,我国高等教育肩负着培养德智体美全面发展的社会主义事业建设者和接班人的重大任务,必须坚持正确政治方向。高校立身之本在于立德树人。只有培养出一流人才的高校,才能够成为世界一流大学。因此,把准方向,办好高校,披荆斩棘,牢牢抓住全面提高人才培养能力这个核心,从根本上注入德育因子,成为世界一流的德育大学。

3.2 强队伍

思想政治教育工作非一朝一夕,而需久久为功,队伍建设不容忽视。长期以来,高校思想政治工作队伍兢兢业业、甘于奉献、奋发有为,为高等教育事业的发展做出了重要贡献。习近平总书记指出,要切实做到拓展选拔视野,抓好教育培训,强化实践锻炼,健全激励机制,整体推进高校党政干部和共青团干部、思想政治理论课教师、哲学社会科学课教师、辅导员班主任和心理咨询教师等队伍建设,确保这支队伍后继有人、源源不断。

3.3 求创新

四十四年沧海桑田,四十四年劈波斩浪,我们国家经历了伟大的改革开放,这是一项伟大的创新。在此期间,我们国家发生了翻天覆地的变化,涌现出无数创新成果,我们的生活水平实现了质的飞跃。同样,德育事业也需要创新精神的灌溉,以实现习近平总书记对我们的嘱托和期盼,坚持以德育人,用科学洗礼,用创新培养,德才兼之,让德育事业永保葆创新的底色,不断发展进步。

回顾过去,展望未来,从"十三五"规划圆满收官到"十四五"规划宏伟蓝图徐徐展开,从冬奥会顺利开展到祖国各项事业一飞冲天,高校德育工作者应站在时代的潮头，牢记习近平总书记的谆谆教诲，认真学习习近平总书记的重要讲话精神，为思想政治工作打开教育事业发展新局面不断夯实根基、砥砺前行。

参考文献：

[1] 张耀灿，郑永廷. 思想政治教育［M］. 北京：高等教育出版社，2006.

[2] 王岩. 全面准确理解新时代改革创新精神［N］. 新华日报，2018-11-27.

[3] 习近平点出加强基层党组织建设的关键［R/OL］. 央广网，2018-07-17.

高水平应用型大学渗透式德育教育浅析
——以北方工业大学机械与材料工程学院为例

高德虎

摘 要: 工业4.0背景下,第四次工业革命已然来临。对于工科院校而言,不但需要从技术、专业、实践等方面对新人才进行培养,同时要注重德育教育的深化和提升,高水平应用型大学加强德育工作的重要性愈加凸显。本文以北方工业大学机械与材料工程学院为例,倡导渗透式的德育教育模式与专业教育模式相辅相成,充分发挥渗透式德育教育的延伸拓展价值作用,并提出新的见解和看法。

关键词: 高水平应用性大学;德育教育;渗透式工作

"新工科"是高等工程教育在新科技革命、新产业革命、新经济背景下工程教育改革的重大战略与部署,它对院校培养新工科人才提出了新的要求,即具备工程意识、敬业精神、实践能力、创新和跨学科解决问题的能力等。然而,就当下专业教育而言,课堂授课教育中工程意识和职业素养等方面的内容有限,学生本身也更注重知识性学习,在创新和实践等方面缺乏参与、解决工程实际问题的能力。渗透式德育教育注重改变学生思维理念,提高工程素养,塑造工匠精神,深入贯彻落实德育教育工作,构建专业德育教育体系。

1 阶段教育提升德育素养

就大学生未来发展而言，专业课程是提升专业能力的必修课程，掌握专业技能、学习专业知识对于提高其自身核心竞争力显得尤为重要。专业教师在授课过程中，适时进行专业德育教育，融入工程实际问题，介绍职业发展前景，帮助学生建立职业生涯规划，使德育教育与专业教育相辅相成，避免职业素养的缺失和未来发展的严重失调。

大学四年专业学习，每个阶段的培养目标不同。大一期间，基础教育为以后的学习奠定基础，对专业概念没有全面认识；大二、大三期间，引导学生积极参加学科竞赛、深入实验室学习和开展创新创业项目，极大地提高学生的实践能力和专业能力；大四期间，明确专业方向，综合提高专业素养，提升专业自豪感和从业感。四年专业教育，融入具体的教学环节，以大学生创新创业实践基地为依托，教学与学科竞赛相结合，培养具备创新实践能力和"工匠精神"的应用型人才。

2 丰富教学内容，渗透工程教育

机械设计基础是高等教育机械设计与制造类和机电工程类专业的主干课程。第一部分"机构的组成和机械设计概论"主要讲述平面机构的结构分析、机械设计概论与现代设计法应用概述，是机构和机械设计的共性基础知识；第二部分"常用机构"主要从传递运动的角度讲述一些常见机构的工作原理、应用和运动设计方法；第三部分"机械传动"主要从传递动力的角度讲述一些常见的机械传动（如带传动、链传动、齿轮传动和蜗杆传动等）的工作原理、标准规范和设计计算方法；第四部分"轴系零部件"主要讲述轴系（包括滑动轴承、滚动轴承、轴、联轴器、离合器和制动器等主要零部件）的工作原理、组合设计和选用计算方法；第五部分

"机械连接"介绍常用机械静连接（包括键、销和螺纹连接）和弹性连接（弹簧）的工作原理、标准规范和计算方法。从知识点角度进行分析，内容繁杂、难度较大，且与实践紧密联系。机械设计及机电专业在工程教育的背景下，深挖德育元素，结合实际机械结构进行深入剖析，校企结合，从工程道德、职业素养和工匠精神等角度进行工程德育渗透，开拓学科视野的同时，培养社会责任心，激发学生自主思考、实践创新的能力，从工程角度理解专业知识，体现工程教育的无形渗透。

3 依托创新实践基地，实践升华德育内涵

在中国制造 2025 的背景下，机械专业职位要求从事者具有工匠精神。工匠精神是推动个人职业发展和工业 4.0 必不可少的动力和源泉。依托大学生创新实践基地，形成课堂、训练、竞赛的相应培养体系。依托基地平台，包括专业基础实验技能培训、专业知识竞赛和大学生创新创业项目等，内容涉及机构的设计、专业软件的应用、结构力的运算、算法的学习等，可以充分提升学生的科研素养和实践动手能力。除此之外，让企业教师对学生进行实训，将技能培养与价值观引领相结合，让工匠精神的培养融入真实的生产和工作环境中，使学生能深入地了解企业文化、行业发展现状以及未来的职业发展趋势等。

总而言之，工程德育教育是工科专业课程思政的核心内容。要根据专业特点，发挥专业教育的优势，依托基地和平台，深化工匠精神，以行业发展为导向，根据学生和企业的反馈，进一步深化德育培养和教学改革，实现专业知识传授和工程素养培育的统一，着力提高学生工程应用的能力。

参考文献

[1] 梁文萍, 郭宇, 杨玲, 等. 以"新工科"建设引领教学改革的思

考与探索 [J]. 工业和信息化教育, 2018 (8).

[2] 姜晓坤, 朱泓, 李志义. 面向新工业革命的新工科人才素质结构及培养 [J]. 中国大学教学, 2017 (12).

[3] 闫长斌, 杨建中, 梁岩. 新工科建设背景下工程意识与工匠精神的培养——以土木工程类专业为例 [J]. 北京航空航天大学学报（社会科学版）, 2019 (8).

[4] 葛金龙, 王传虎. 新工科背景下无机非金属材料工程专业人才培养模式探讨 [J]. 廊坊师范学院学报（自然科学版）, 2018, 18 (1).

[5] 高德毅, 宗爱东. 课程思政：有效发挥课堂育人主渠道作用的必然选择 [J]. 思想理论教育导刊, 2017 (1).

[6] 顾骏. 给学生一双眼睛，看懂中国——"大国方略"系列课程策划思路与技巧 [J]. 青年学报, 2016 (4).

[7] 顾骏. "创新中国"课程："同向同行"的平台设计和教师组织 [J]. 中国高等教育, 2017 (5).

[8] 赵晓红, 谭英杰, 赵永强. 大学生创新平台的构建——以太原工业学院为例 [J]. 教育理论与实践, 2015 (9).

二、学风建设与学生管理

高校重点关注学生几例工作案例浅谈与分析

王 磊 史 宁 梁乐意

摘 要： 重点关注学生是目前高校学生教育管理工作中需要密切关注的核心对象。本文结合高校辅导员在实际工作中遇到的经济困难学生、学业困难学生、心理困难学生案例，具体论述了高校辅导员要在工作中坚持以立德树人为根本，育人以德为先，无私奉献，用心、用情、用爱做好学生思想政治教育工作，为有效解决重点关注学生的问题提供参考和借鉴。

关键词： 高校；重点关注学生；案例；辅导

重点关注学生包括心理健康问题学生、学业困难问题学生、经济困难问题学生、师生关系紧张问题学生、其他问题学生。以习近平新时代中国特色社会主义思想为指导，认真贯彻党的十九大精神，坚持把立德树人作为中心环节，这些学生是目前高校学生教育管理工作中需要密切关注的核心对象，有效解决这些学生的问题也是高校育人工作的首要任务。

1 经济困难学生案例

某学院2019级共301人，享受国家助学金学生57人，占19%。2021年6月，某学生小王的母亲检查出乳房恶性肿瘤，其父母均系农民，收入低,依靠打工赚钱养家,因母亲住院手术治疗花费8万余元,后期治疗需要5万余元。

2019年12月,某同学小李持续一周低烧,经石景山医院、北京大学人民医院化验检查,最终确诊为患有慢性粒细胞白血病,花费2万余元用于治疗,每个月药费需要1200余元。而小李家位于偏远地区,家里有六口人,爷爷奶奶年事已高,妹妹年幼,母亲务农,全家经济收入全靠父亲外出打工。

1.1 经济资助,解决困难

小王、小李两位同学的原生家庭条件本已困难,又因意外、疾病导致经济上出现困难。根据学校临时困难补助政策,及时为小王、小李申请临时困难补助3000元。因小王之前未申请国家助学金,建议小王9月份通过个人申请、班级评定、学院学校逐级审查,通过国家助学金来减轻生活费用压力。

1.2 用心辅导,持续关注

学校及时告知了家长小李的生病情况,或是由于全家只有父亲一人可以外出务工,为了尽可能地挣钱和照顾家庭,学生父母都没有来照顾小李,辅导员就主动充当了"家长"的角色,陪同小李去医院,跑前跑后,帮助协调校医院办理转院手续,又及时帮助申请临时困难补助,令小李和家长感动不已。受疫情影响,患有白血病的小李经过前期治疗病情暂时趋于稳定,但仍需要不断复查,经常往返医院,学校封闭管理无法在学校住宿,而小李的家庭条件一般,难以承担开销,辅导员竭尽所能帮助小李解决了住宿费用问题。小王也申请了当年国家助学金并顺利获得资助。

1.3 思想引导,报恩于行

解决学生困难的同时不断引导学生懂得饮水思源,回报家庭、学校和社会。小王学习越来越主动,积极参加学院组织的各项活动,学习成绩大幅提高,并在 2022 年的寒假作为一名冬奥会城市志愿者服务冬奥。小李从未因自己患病悲观丧气,积极认真学习,成绩优良,顺利考取学校的二学位。

2 学业困难学生案例

某学院大一共 285 人,共 10 个班级,挂科 63 人,占 22%。其中 1 个班级 25 人,0 人挂科,1 个班级 28 人,挂科率 32%。小梁线代 46 分,主要是学习新课时有畏难情绪、自我消颓、沉迷网络、未认真完成作业以及考试前未认真复习多种原因造成了挂科。经过梳理学生的挂科原因发现,一方面是高中到大学的过渡,使学生在心理上会有很多的不适应,从而影响了学习;另一方面是大学与高中的学习方式改变很大,大学变为自学为主,其深层原因是大一新生适应性问题。

2.1 相约晨光,培养习惯

学院开展新生引航、小辅导员等活动,帮助学生做好角色转换定位,开展相约晨光活动、设置固定晚自习教室,使大一新生适应自主学习方式,增强自我管理能力。从新学期开始,在大操场组织大一新生开展了跑步、跳绳、十人十一足等形式多样的"相约晨光"活动。相约晨光不仅增强了学生的体质,加强了班级凝聚力,还让学生在一起晨跑的过程中,建立良好的友谊,培养优良班风学风。

2.2 示范引领,榜样先行

做好"青年五四奖章"、三好学生、优秀学生干部、优秀团员、优秀团干等的推荐工作,以师生身边的榜样影响和带动广大学生勤奋学习,扎实工作。2020 年,学院共举办 4 次"立好学之志,树优秀学风"加强学风建设等主题的升旗仪式,并举办优良学风表彰大会,对 15 个学风建设先进集体、12 名学风建设优秀学生、16 名学风建设优秀教师进行了表彰,号召大家向受表彰的先进集体和优秀个人学习。

2.3 学霸讲堂，朋辈教育

班级组织学霸同学形成学习小组，对需要帮扶的学生进行"网络1对1""网络多对1"的学业帮扶，实施线上学习打卡制度，营造良好的线上学习氛围。为进一步引导优良学风，2020年10月小学霸帮助同学们对基础课程进行阶段性总结，为2020级新生举办"学霸讲堂"学业辅导活动，一个小学霸用12个典型例题和同学们共同复习了关键的知识点，之后另一个小学霸将行列式变换的类型进行了细致阐述。每位学霸都展现了对知识的独到见解和为同学服务的优秀品质。

3 心理困难学生案例

某学院2020级学生小芳，父母离异，家庭收入主要来源于父亲在外做建筑零工，每月收入不高；祖母将近70岁，在农村务农；妹妹在读中学；大伯和伯母在高速上突发意外，伯母至今仍有生命危险；小舅胃穿孔动手术；大舅的儿子神经发育不良；母亲本身就有几十万的贷款需要还清。2021年4月小芳被诊断为中度抑郁。2020级学生小莉，于2021年8月向辅导员求助，称自己与母亲发生矛盾并有自伤的想法。

3.1 谈心谈话，疏解压力

一周内辅导员与小芳深入谈话3次，解决其实际困难，为其申请临时困难，并安排同宿舍同学关注帮助小芳。同时第一时间与其父亲电话沟通情况，因家庭居住地偏远、家长打工无法来京，家长签署了学生情况知情同意书。辅导员、班导师、家长督促小芳按时服药，及时主动了解孩子的情况，管理好孩子行为。

3.2 一人一策，精准帮扶

小莉妈妈对她寄予很大希望，希望她高考时考上双一流的大学，但是因发挥不好，小莉来到一所普通院校。母女二人因为高考的阴影一直没有完全散去，说话时一不小心就刺到对方的痛点，母女都非常难受，都觉得对方不理解自己。辅导员在第一时间通过谈话帮助小莉稳定情绪，并帮助她与学校心理咨询老师取得联系，学校心理老师对她进行了心理咨询。在获得小莉同意后，辅导员与她母亲进行了电话沟通，通过一个半小时的电话沟通，辅导员了解了双方的矛盾点，并建议母女双方再进行一次深度的交流。

3.3 用爱辅导，化解矛盾。

小芳是贫困生，学校在当年为她提供寒假返家的火车票，又考虑到她的家庭情况又给予其元旦的慰问。小莉为团学干事，辅导员积极引导她发挥特长，服务同学，而且经过调解，小莉和她母亲关系缓和了许多。小莉对辅导员感谢道："在您的调解下，我和妈妈进行了长时间的沟通，是我忽略了她的关爱，现在我经常帮助家长做力所能及的事情，关系也和睦起来，这主要是因为您对我们的帮助以及非常耐心又关切的疏导，我会一直感谢着您的。"

4 总结分析

4.1 用爱辅导，做学生身边的贴心朋友

辅导员要严格落实深度辅导要求，关爱每一名学生；每周进课堂、进宿舍；及时回应和解决学生的利益诉求，抓住刚入学、突发事件、班干竞聘、期中检查、期末考试等关键环节和特殊时期，了解学生基本情况，与学生建立联系，与学生进行有针对性的谈话。辅导员要成为学生身边的贴心朋友。只有对学生的情况了如指掌，才能用细致入微、快速高效辅导，及时用爱化解各项矛盾；只有对学生真诚、耐心，才能在师生中有良好口碑，提高学生满意度；只有基于这种信任，患有抽动症、双向人格障碍、家庭经济困难、慢性粒细胞白血病、抑郁等重点关注学生才会愿意向辅导

员倾诉和求助。

4.2 用心工作，我和学生是一家人

在学生培养和思想教育工作中，注重关心每一名学生，努力为学生成长铺路搭桥。辅导员必须具有很强的工作热情。辅导员在日常工作中要做到有诚心、有爱心，要热心、耐心、细心、有心。关爱学生就像关爱自己的孩子，对于重点关注学生进行摸底排查，落实责任、完善机制，建立相应的跟踪管理档案、分类帮扶制度、预防管理及突发事件处置机制。

4.3 潜心育人，实实在在服务学生成长

坚持围绕立德树人根本任务，在学生成长的9个关键时刻——新生入学、相约晨光、成长型班会、军训、学业"1+1"行动、暑期社会实践、职业生涯选择、优良学风表彰、毕业季组织开展了卓有成效的主题教育。注重强化思想引领，结合红军长征胜利80周年、新中国成立70周年、建党100周年等重要时间节点，突出对学生的价值观塑造和引领，着力培养学生的"红色基因"，引导青年学生听党话、跟党走；注重培养学生的创新和实践能力，鼓励学生参加各种大学生科技竞赛。2020年，学生"使命在肩 奋斗有我"暑期社会实践活动共有25支团队。NRT智能赛车团队集合了不同学院、不同层次、不同年级、不同专业的同学，开展综合的科研训练和创新实践，荣获2020年中国大学生电动方程式大赛总成绩一等奖和2020年中国大学生无人方程式大赛总成绩优秀奖。

参考文献：

[1] 吴凯凡，王聪慧，季茂茂."三全育人"背景下加强高校重点关注学生管理的探索研究[J].科教文汇（中旬刊），2021（05）.

[2] 斯日古冷.辅导员要了解和引导每一位学生[J].北京教育（德育），2013（05）.

乔哈里资讯窗视角下大学生宿舍人际关系改善研究

库 颖 王伟宾

摘 要：大学舍友之间良好的人际关系对学生学习知识、适应社会、健康成长等方面具有积极的促进作用。以乔哈里资讯窗理论为基础，将宿舍人际沟通根据沟通程度的不同分为开放型、自我型、自私型和封闭型四种类型，并提出在班导师、辅导员以及学生干部等监督指导下，各宿舍分别采用制订宿舍公约、开展优秀宿舍创建以及举行团体辅导等形式活动，有针对性地改善宿舍人际沟通。

关键词：大学宿舍；人际关系；乔哈里资讯窗

2015年3月9日，《中国青年报》社会调查中心对1355名大学生进行宿舍人际关系方面的问卷调查。结果显示：67.6%的学生有过调换寝室的念头，更有70.5%的学生表示自己不同程度地受困于寝室矛盾。同时，对影响宿舍人际关系的原因也进行了调查访谈，39.0%的学生认为导致上述问题的原因是宿舍舍友之间缺乏沟通和沟通不力。学生宿舍人际关系问题已成为影响大学生生活、学习、活动的主要因素之一，并列为高校学生管理工作的一大难点。与此同时，高校由于舍友之间的矛盾所引发的隔阂、冲突已日益成为社会所关注的热点和焦点。同时，通过对北方工业大学

2015届毕业生中出现的近十几个优秀宿舍进行调查追踪，这些宿舍成员中90%以上的人考取了名校的研究生或出国深造，部分优秀学生还被保送研究生。他们彼此善于沟通、乐于分享、勇于互助，因此非常出色。由此可见宿舍人际沟通对于个人成长具要重要作用。大学生宿舍人际关系的好与坏是检验大学生沟通能力、交际能力和社会适应能力的一杆标尺，对大学生的性格完善和心理健康具有重要而深远的意义。

1　乔哈里资讯窗理论概述

20世纪50年代，美国心理学家乔瑟夫·勒夫（Joseph Luft）和哈里·英格拉姆（Harry Ingram）进行组织动力学研究时，就沟通的技巧和理论建立起一个以他们两个人名字命名的"乔哈里资讯窗"。乔哈里资讯窗把人的内心世界比作一个窗子，表示了一个人对自身信息和对他人信息的开放程度。这个窗子共被划分为四个部分（如图1所示）：区域1称为"开放区"，表示信息不仅自身已知，而且是对外公开的。例如，自身的性别、种族以及所从事的职业等。区域2称为"盲目区"，表示信息对自己而言是未知，但是对于他人而言却是已知的。例如，自身的处事方式、别人对自己的感受等。区域3称为"隐秘区"，表示信息对于他人呈现未知或隐藏状态，但对于自己却是已知的。例如，自己未曾与大家分享过的童年经历，以及自己的好恶等。区域4称为"未知区"，表示信息对于自身和他人都是未知的。例如，自身尚未发觉同时未被别人发觉的各类技能等。

在乔哈里资讯窗模型中，整个窗的大小不变，但是各个区域随着信息的共享以及沟通的深入，其大小是可变的。一般情况下，在沟通交流的过程中，双方的讯息能够实现较好的共享，交流的氛围逐渐被对方所熟悉，沟通效果会按照彼此满意的程度实现。随之而来，开放区会逐渐扩大，其他三个区域逐渐缩小。

[figure: 乔哈里资讯窗模型 — 区域1 开放区, 区域2 盲目区, 区域3 隐秘区, 区域4 未知区；纵轴 他人已知/他人未知，横轴 自身已知/自身未知]

图1　乔哈里资讯窗模型

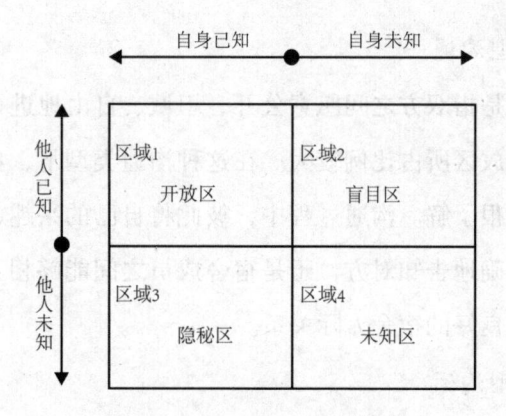

2　大学宿舍人际沟通的乔哈里资讯窗模型

按照乔哈里资讯窗理论，大学宿舍舍友之间的沟通可以按照"自己已知—自己未知"和"舍友已知—舍友未知"两个维度进行划分，最终形成自己和舍友都了解、舍友单方面了解、自己单方面了解以及自己和舍友均不了解的四种状态，分别对应了开放区、盲目区、隐秘区和未知区（如图2所示）。同时，根据四个区域沟通程度的不同，可以将沟通划分为开放型沟通、自我型沟通、自私型沟通与封闭型沟通。

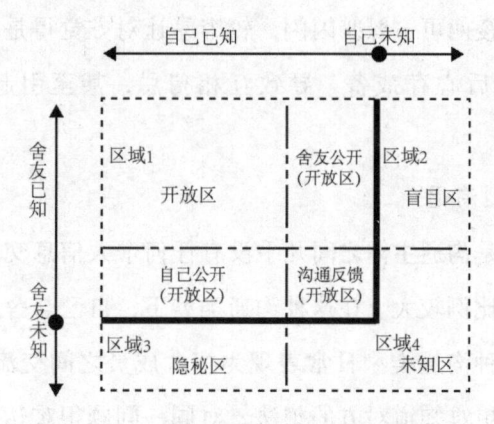

[figure: 舍友沟通过程中乔哈里资讯窗模型 — 区域1 开放区, 舍友公开（开放区）, 区域2 盲目区; 自己公开（开放区）, 沟通反馈（开放区）; 区域3 隐秘区, 区域4 未知区]

图2　舍友沟通过程中乔哈里资讯窗模型

2.1 开放型沟通

开放型沟通是指双方之间愿意公开、坦诚、自由地进行信息交流的一种沟通方式，开放区所占比例较大。在这种沟通类型下，自己和舍友之间对彼此的情况都很了解。沟通过程中，彼此将自己的兴趣、爱好以及相处的感受等信息准确地告知对方，于是宿舍成员之间能够相互包容、和谐共处，最终建立起良好的宿舍人际关系。

2.2 自我型沟通

自我型沟通是指沟通主体无所忌讳、不顾客体感受的一种单向信息传递方式，盲目区所占比例较大。在这种沟通类型下，自己不顾及别人对自己的感受和看法，将自己的直观感受与体会全部传达给舍友。这种沟通类型日常表现为说话时口无遮拦、大大咧咧，较容易引起别人的反感，让别人感觉不舒服，不愿与之交往。

2.3 自私型沟通

自私型沟通是指沟通主体过于敏感、不愿与他人分享自己信息的一种沟通方式，隐秘区所占比例较大。在这种沟通类型下，自己有意或无意地隐藏自己的感受与想法，不将自己的真实想法告知舍友。这种沟通类型日常表现为说话模棱两可、躲躲闪闪，较容易让对方觉得是在敷衍了事，从而会让大家在以后心存戒备，导致互相猜忌，甚至引起不必要的宿舍纠纷。

2.4 封闭型沟通

封闭型沟通是沟通主体之间几乎没有任何个人信息交流的一种沟通方式，未知区所占比例较大。在这种沟通类型下，自己与舍友之间都缺乏对彼此的了解。这种沟通类型日常表现为宿舍成员之间交流的信息非常少，甚至不愿交流，更难知道对方的想法，对同一问题很难达成共识，最终导致彼此怀疑和不满，出现互相指责、互相抱怨，于是互相沟通更加困难，造成恶性循环。

学生日常生活中，宿舍之间开放型沟通是最理想的沟通类型，能够达到最佳的宿舍人际关系，其主要原因是双方交流信息得到了共享，彼此之间均在开放区沟通。此外，在乔哈里资讯窗中，自我型、自私型和封闭型这三种沟通类型可以通过调整与改变转换成开放型沟通（如图2所示）。一方面，自己将个人感受分享给舍友可以使隐秘区缩小，舍友公开自己的信息能使盲目区变小，同时宿舍成员之间通过不断沟通反馈，进一步扩大已知区。另一方面，舍友之间通过自身努力和相互协助，不断探索和感知未知区，并缩小未知区。因此，这四种沟通类型的分类不仅为宿舍成员评估沟通效果提供了依据，还为今后更多的开放型沟通奠定了良好基础。

3 乔哈里资讯窗理论在改善大学生宿舍人际关系方面的应用

由乔哈里资讯窗模型可知，要想提高沟通效率，达到有效沟通，除了尽可能缩小盲目区和隐秘区，并不断扩大开放区，也需要不断探索、开辟未知区。具体到大学宿舍人际沟通的实际中，就是要避免自我型沟通、减少自私型沟通，不断扩大开放型沟通，同时要摒弃封闭型沟通。所以，要达到宿舍成员开放型沟通，除宿舍成员自身努力加强沟通之外，宿舍管理员、学院班导师、辅导员对学生的教育管理也十分重要。

3.1 畅谈卧谈会，扩大开放型沟通

庄子说过："君子之交淡若水，小人之交甘若醴"。在宿舍人际交往中，最基本的沟通原则就是坦诚相待，不苛求、不强迫、不嫉妒，进行开放型沟通。宿舍是学生平时生活和休息的地方，晚上也是彼此之间最放松、交流最多、最容易展开交流的时间。通过卧谈会，宿舍成员彼此谈论一下当天发生的事情，交换一下彼此的看法，能让大家更加了解彼此的性格、爱好和价值观等，不断扩大彼此的"公开区"。沟通学教授雷·佩恩

提出，"词语的选择就是对世界的选择"，在沟通中要避免使用会对大家造成心理伤害的词语，也要避免使用会使对方感到排斥的语言。因为在沟通过程中，不能只注重自己的观点，强制性地让别人接受自己的观点，从而使沟通缺乏互动，影响大家沟通的积极性。通过制定宿舍公约制度，大家按时起床、打扫卫生、不说脏话，营造良好的宿舍氛围，这也能够让大家彼此熟悉、相互尊重和体谅等，大家共同遵守和相互监督，创造开放型沟通的条件，奠定良好的开放型沟通基础。

3.2 组织互赞会、互评会，减少自我型沟通

老子曾说："知人者智，自知者明。胜人者有力，自胜者强"。但很多时候，与别人进行沟通时，不经意流露出来的个人情感或者表现出来的个人动作等，自己是无法察觉和感知的，这就是盲目区，这些信息只有对方给予自己评价与反馈时才可以获得。现实生活中让盲目区完全消失是不现实的，不过可以通过提高自我认识减少或规避自我型沟通。

宿舍成员之间避免盲目区最有效的方法是定期召开互赞会和互评会。通过高年级学生带领宿舍成员开展宿舍"一帮一"活动，借助团体辅导的形式，举行各类互赞会和互评会，减少自我型沟通。宿舍成员之间通过互赞会说出大家的优点，能让每个人有更强烈的自信；相反，召开互评会，宿舍成员说出彼此的不足，能让人更快进步，更好地融入宿舍。当然，为了获得理想的沟通效果，也可以通过主动征求和反馈意见等手段，减少盲目区、扩大公开区，增强对彼此的了解。

3.3 召开专题复盘会，避免自私型沟通

马尔顿曾说过："要想吸引朋友，须有种种品性。自私、小气、嫉妒，不喜欢成人之美，不乐闻人之誉的人，不能获得朋友。"隐秘区能否适当开放以及开放程度如何，很多时候是衡量沟通效果的重要标准，也反映了人际关系的好坏。宿舍成员之间将自己的隐秘区引向公开区的最好办法是

召开复盘会。通过召开专题复盘会，宿舍成员反思自身过去的不足，挖掘存在的问题或症结，公开自己的"难言之隐"，提高个人信息曝光率。彼此之间互相分享，学会宽容、学会体谅，进而做到换位思考。同时，需要注意过于私人的问题，如心理健康、严重过失等信息的公开需要一个循序渐进过程和一个合适的环境，一旦在不适合时间或场合公开，反而会出现不良后果。

3.4 发挥学生潜力，探索封闭型沟通

戴尔·卡耐基曾说过："多数人都拥有自己不了解的能力和机会，都有可能做到未曾梦想的事情。"未知区是自己与他人都不知道的区域，至于到底怎么样是谁也无法预测的，只有通过不断努力去挖掘或探索得到或感知。未知区探索有时在解决宿舍人际关系方面起到意想不到的良好效果，宿舍每位成员都要努力探索自己的未知区从而进入公开区。

辅导员开展优秀宿舍创建、践行宿舍公约等活动，可以使学生探索未知区。例如，宿舍成员共同约定每天开展一小时相约晨光活动，通过日常制订制度，互相鼓励，不断坚持，成员之间的默契程度进一步提升，而且每个人在养成良好习惯方面也会收到意想不到的效果。德国著名的哲学家叔本华曾说过："单个的人是软弱无力的，就像漂流的鲁滨孙一样，只有同别人在一起，他才能完成许多事业。"宿舍成员在努力探索开放型沟通的过程中，会深刻地感受到团队的力量，同时更会不断地超越自我、升华自我。

对学校而言，创建学习型宿舍，是创新高校思想政治工作的途径与方法，能够改善宿舍关系，推动宿舍文化建设。第一，新生入学时，按专业合理划分宿舍，构建互补、合作、竞争的宿舍，为开展团队学习打好基础。第二，加强对优秀宿舍的宣传，在新生入学教育中大力宣传宿舍建设的重要性，抓住关键时间点做好引导，发挥榜样示范作用。第三，加强指

导学生的团队学习，增强宿舍建设的内部动力。第四，着力打造宿舍文化，采取选择性激励的方式，开展专业特色素质教育活动。开展文明宿舍评比，组织演讲赛、辩论赛、专业竞赛、职业规划等活动，可促进优良学风建设，有效实现人才培养目标，促进学生素质的全面发展。

对大学生而言，每天有30%以上的时间是在宿舍度过的，宿舍人际关系对个人的影响十分大，宿舍关系处理的好坏也直接关系着大学生活和学习的优劣。按照乔哈里资讯窗理论，做好以下几个方面至关重要：一是深刻理解"君子之交淡若水，小人之交甘若醴"的寓意。与人交往最基本的准则就是你如何对待别人，别人就会如何对待你。如果你和蔼又乐于助人，你周围的人往往对你和善也更乐于帮助你。如果你总是怀疑别人、猜忌别人甚至为人苛刻，那么你也很可能会得到相同待遇。二是真诚聆听，学会换位思考。当你倾听的时候，学会设身处地、全神贯注，既是对别人的尊重，也是了解别人的需要，理解别人的难处。随后，当需要评价和表达时，不仅要积极坦诚地说出自己的感受、做出客观评价，还要学会站在他人角度考虑问题，尽量避免自己的表达过于严厉和尖锐，以免伤害到别人的自尊与感情。三是要直接果断，注重清晰沟通。尽量不要含糊其词，要用清晰、简洁的语言进行沟通。避免让别人揣测自己的心思，更不要期望别人能够猜对你的心思。四是要学会创新，不断超越自我，不循规蹈矩。努力尝试新鲜事物，尝试新的体育活动、新的爱好或是新的生活方式，努力去寻找、创造生活中的美。要善于利用外部环境，自己定计划、勤总结，别人多监督、多帮扶，虚心听取他人的意见和建议，使自己始终处在一种阳光向上的生活氛围中，让自己不断成长进步，获得自信感与满足感。

本文系2018年度首都大学生思想政治教育支持课题"乔哈里资讯窗视角下大学生宿舍人际关系改善研究"（项目编号：BJSZ2018ZX10）阶段性成果。

参考文献：

[1] 燕燕，燕炯. 浅析我国高校学生宿舍人际关系的矛盾问题 [J]. 山西高等学校社会科学学报，2009，21（2）.

[2] 王亚娟. 高校学生宿舍人际关系的道德调节 [J]. 思想理论教育月刊，2013（11）.

[3] SHENTON A K. Viewing information needs through a johari window [J]. Ref Serv Rev, 2007 (35).

[4] 陈通，马菲. 基于乔哈里资讯窗理论的医患沟通模型及启示 [J]. 医学与社会，2014，27（2）.

[5] 边西同. 乔哈里咨询窗视角下的师生沟通 [J]. 现代教育科学，2014（4）.

大学生社会实践活动的美育功能分析
——以北方工业大学机材学院为例

石 卉 王海波

摘 要：高校大学生社会实践活动是一项重要的基础性工作，社会实践活动作为高校课堂外的重要实践载体，承担了重要的美育功能，在学生的德育教育、行为导向、责任意识的各方面塑造中都有着积极的作用。本文作者结合自身十余年高校学生工作经历，通过社会实践工作案例分享，分析大学生社会实践活动中蕴含的美育元素及美育功能。作者通过美善合一，在社会实践活动中推进大学生美育工作；知行合一，发挥专业特色优势，丰富美育实践活动形式；人我合一、美美与共，助力创城建设实现共同发展这三个方面的阐述，结合北方工业大学机械与材料工程学院大学生社会实践活动的典型案例及做法，深刻讨论了大学时社会实践活动与美育教育的关系，如何在实践活动中开展美育教育，帮助学生树立端正世界观、人生观、价值观，进而培养德智体美劳全面发展的社会主义建设者和接班人。

关键词：大学生社会实践；美育

实践育人理念是在马克思主义的实践观点和人的全面发展理论观点基础上发展而来的，是培养高素质人才的关键环节，也是大学生成长成才的必然要求。多年来，大学生社会实践活动成为大学生思想政治教育工作的有力抓手，通过走出校园、走向社会，助力学生成长成才。大学生通过切实有效的社会实践可以端正世界观、人生观、价值观，并在不断探索中找寻正确的职业生涯规划。

习近平总书记在全国教育大会上强调，坚持中国特色社会主义教育发展道路，培养德智体美劳全面发展的社会主义建设者和接班人，并在讲话中对学校美育工作提出了明确要求："要全面加强和改进学校美育，坚持以美育人，以文化人，提高学生审美和人文素养。"而大学生社会实践活动与大学美育教育是相互联系、相互影响、相互促进的，二者的双融双促、协同并进关键在于培养符合新时代要求和发展的德智体美劳全方位发展人才。大学生社会实践活动中，蕴含了丰富的美育元素和功能。

1 美善合一，在社会实践活动中推进大学生美育工作

"美学"来自1750年鲍姆加登的著作《美学》。鲍姆加登力图解决的问题是"感性"的意义："美学的目的是感性认识本身的完善（完善感性认识）。"帮助学生在美育教育的感性认识过程中，达到审美之境，从而实现以美化人。

美育注重关注大学生的情感和学生个体的内心体验，学生通过亲自体会和感受，从而提升学生的审美鉴赏力、感知力、理解力、表现力和创造力，帮助学生获得真知，塑造学生健全的人格，美育侧重于教育大学生追求"美"。学生只有真正投入具体的事物的感知，才能获得针对对象的真正体悟。蔡元培先生曾经定义美育，美育就是将美的教育运用到人的教育当中，一个完整强健人格的养成，并不源于知识的灌输，而在于感情的陶养。这种陶养就在于美育。蔡元培在《以美育代替宗教说》一文中，他把美感教育说得更加明确："纯粹之美育，所以陶养吾人之感情，使有高尚

纯洁之习惯，而使人之我见，利己损人之私念，以渐消沮者也。"因此，高校应将美育教育的规律运用到大学生社会实践和志愿服务活动领域中，进一步发挥实践活动的美育功能，学生在助人的过程中，同时实现美育教育的自助功能，得到道德的升华，成为社会需要的全面发展人才。

　　北方工业大学机械与材料工程学院在具体的实践活动当中，开拓了比较丰富的美育教育融合性工作。为了积极响应卫健委、中宣部等八部委发出的关于在全国开展"志愿者医院服务"活动号召，2016年北方工业大学机械与材料工程学院团委和石景山区首钢医院团委联合开展北方工业大学机械与材料工程学院首钢医院志愿服务活动，至今已有6年的时间。该项目成立之初主要针对安宁病房的病患开展工作，帮助患者平和、温暖地走过人生最后的路程。

　　学生在志愿服务过程中，通过感性体验接受感性教育。在临终关怀病房，青年大学生听老红军讲革命故事，志愿者拉着老奶奶的手话家常，更令他们惊讶的是病房中还有襁褓中的婴儿在等待生命的终结，患者们在志愿者们的歌声和陪伴中绽放着灿烂的笑容。通过安宁病房的志愿服务，青年大学生对生命有了更深刻的认识和理解，在关爱生命的过程中，志愿者们更懂得敬畏生命。大家在志愿服务的实践大思政课中建立积极向上的人生观，同学们纷纷表示要带动更多的人热爱生命、守护生命。

　　在志愿服务开展过程中，大学生们与医护人员积极对接、座谈，了解对方服务需求。结合首钢医院实际困难，学院对志愿者进行专门的就医服务流程的培训、就诊系统使用培训、急救常识培训以及专业的心理团队辅导，并且陆续增设了病房志愿岗位、门诊志愿服务岗位、体检中心服务岗位等。同时，为更好地完善首钢医院志愿服务项目，青年大学生每年走访各类特色性医院、临终关怀机构进行社会实践活动，包括海淀医院安宁疗养病房、安贞社区卫生服务中心、松堂医院院等，开展走访、学习、调研，通过撰写调研报告、人物访谈、短期志愿服务体验等各个维度地深入学习，不断完善团队的服务水平。

康德曾说美是道德的象征。道德是一种善，是以利他为本质的。学生们在感受既善且美的体验之后，参与的志愿服务项目也取得了很多成绩，该项目曾获评首都学雷锋志愿服务示范岗、2021年度石景山区优秀志愿服务项目、2022年度"首都最佳志愿服务项目"。学生在志愿服务的过程中，感知真善美的力量，传播真善美的种子，不仅成为志愿服务活动美育功能的实践者，更是美育功能的受益者和传播者。

2　知行合一，发挥专业特色优势，丰富美育实践活动形式

王阳明在《传习录》中有云：知是行之始，行是知之成。这与陆游诗中"纸上得来终觉浅，绝知此事要躬行"有着共通性，强调人的自觉性，明事理之后付诸实施，付诸实践，就是真知。学生日常接受的教育模式存在一定的局限性，过多依赖于工具化、公式化的教育，在得到理性充分发展的过程中，感性教育存在压抑和遮蔽的问题。引导学生将所学所知，应用到实践活动中，就是在进行感性发展的探索，使学生的感性和理性都得到充分的发展。所谓内化于心，外化于行，学生内心里有理念，继而付诸实践，带着理念去开展实践，就是知行合一。

席勒认为人有三种冲动：感性冲动、理性冲动和游戏冲动。感性冲动和理性冲动在现实中有着分裂和对抗。游戏冲动作为人的一种主观规定，它的实现必须有一个外部对象。大学生社会实践活动中，都有着特定的外部对象，并且学生在进行社会实践过程中在实现各自的专业特长时不带有任何的现实和功利目的，在这个过程中能够实现游戏冲动，从而获得真正的自由。

在志愿服务工作开展中，机材学院积极发挥专业引领和创新引领作

用。2020年起连续两年针对疫情防控新形势，青年大学生深入地坛医院、石景山医院、各社区医院开展社会实践活动，了解一线医护工作者的帮扶需求和新形势下志愿服务工作的疫情防控需要，有针对性地改善志愿服务工作并进行工作细节调整，2021年起志愿者们在首钢医院每次上岗前均进行鼻拭子核酸检测，青年大学生高度配合、严格执行。学生以服务和奉献为目标，在进行实践活动中产生愉悦和快乐的情感。

学院青年大学生积极到社区、村委会进行团员报到，主动参与疫情防控志愿服务工作。结合个人所长，有的同学主管体温测量、有的同学进行物资配送；有的同学负责消毒防疫、有的同学协助信息采集。岗位不同、职责不一，但相同的是投身一线疫情防控工作中的决心，以及为祖国绽放自己青春热血的信念。机专升本19的李磊同学，利用个人的专业知识特长，多次在村里开展无人机喷洒消毒工作，大大地缓解了村委会的工作压力，也让村民们感受到了科技创新所带来的工作便利。

工业设计专业的大学生利用专业优势，在金顶街第五社区，与居民一起制作了创意环保袋；在孤独症关爱中心与孤独症儿童一起设计制作文创产品并完成义卖活动。在金顶街二区的讲党史活动中，院团委主持人队的大学生发挥特长带动社区居民了解党的艰辛历程，一同喜迎党的百年华诞。学院智能机器人协会、机械创新协会的大学生，深入石景山区实验小学、实验中学、苹果园中学等学校进行科技作品展示活动，发挥专业特长为中小学生进行科技启蒙、点燃孩子们的科技梦想。

在社会实践活动的美育教育中，我们引导大学生深入学习传承中华优秀传统文化、中华传统美德，自觉践行社会主义核心价值观，养成高尚的思想道德品质，将所学的专业知识用于服务社会中，通过社会实践活动担负起社会责任和接班人使命，成为具有爱国情怀、高尚品德修为和敢于担当民族复兴大任的时代新人。

3 人我合一、美美与共，助力创城建设实现共同发展

传统美学里讲求天人合一、物我合一，也就是庄子所说的万物与我，天地与我并生，强调人、自然和社会的融合，也就是人我合一。人我合一的过程，就是孔子所说群在这个过程当中的作用，是人真正融入社会、融入群体，寻求和整个大环境的合一。个人总是渺小的，只有投身人民当中，才感觉到自己是无限的，才是永恒的。我们所说一滴水只有融入大海，它才是无限的。中国传统文化讲求独乐乐不如众乐乐，美美与共、天下大同的社会责任担当。学生在社会实践当中可以发现自己的不足、社会的不足，继而产生不断完善自己、不断改进社会的美好愿望，起到推动社会的进步和发展作用。人和群体和社会的融入，就是把个人的发展和社会的发展、国家的发展、民族的发展融为一体。

高校发挥社会实践活动的美育功能是根据新时代党的教育方针，落实立德树人的根本任务的内在要求，遵循新时代理论创新与实践创新的必然要求，培育具有高远理想、强烈社会责任感和各方面全面发展的青年人才的有效途径。学生在参与社会实践过程中，能够实现团队合作、树立团队意识，在集体的感召下，承担社会责任，得到心灵的净化。

志愿服务和社会实践活动有不同的服务类型，大到建党百年志愿服务活动、冬奥会志愿服务实践活动，小到面对个人的帮助和帮扶，需要参与的学生有着坚韧的耐心和坚持，在其间团队的感召力量极为重要。

北方工业大学小荠菜青年突击队成立于 2014 年，是石景山团区委授旗的青年突击队创建集体。突击队扎根京西石景山、立足身边小事，坚持做到服务人民、服务社会，为创建全国文明城区而努力，积极打造"我为人人，人人为我"的志愿服务氛围，为广大志愿者树立了良好的青春榜样形象。突击队成员事迹曾获央视朝闻天下、北京学联等平台报道。仅 2021 年

度就有70多名志愿者荣获各级星级志愿者荣誉称号。

2018年至今，突击队大学生每学期来到模式口北里、模式口南里、八角社区等社区居委会，参与"高校学生进社区、志愿服务助创城"的活动。大学生不怕脏、不怕累，从橱窗卫生打扫到社区环境改造，积极参与社区活动。突击队还携手石景山区金顶社区举办了社区老人关爱活动。在八角社区大学生设计制作了美观的狗狗便纸屋，为社区创造了干净整洁的环境，为创建全国文明城区做出了贡献。很多社区居民纷纷对大学们参与社区创城志愿服务点赞称好，大学生们也用自己的行动为社区创城注入了新活力。大学生们立足京西石景山，投身区域化建设的工作中，通过大学生社会实践活动，实现创城和实践共赢的收获成果。学生在各类志愿服务和实践活动中，能够感受到各类服务活动的情景交融，体验到深刻而无形的引领和提升，获得快乐的情感，感受到人性的美、社会的美，每个参与的大学生都在积极释放美的行为，精神得到升华、境界得到提升。

大学生社会实践活动作为高校课堂外的重要实践载体，承担了重要的美育功能，在学生的德育教育、行为导向、责任意识的各方面塑造中都有着积极的作用。对于人的情感的连接和人性的完善，有着不可估量的作用。学生在参与了各种群体和团队的实践活动过程中，脱离于教条的抽象要求和说教。青年志愿者们从小事做起，在生动的感受活动中，用美的光照亮人的内心和前程，学生承担更多的社会责任，实现个人的社会价值，逐步完善、成长和发展。

参考文献：

[1] 习近平在全国教育大会上强调 坚持中国特色社会主义教育发展道路 培养德智体美劳全面发展的社会主义建设者和接班人 [EB/OL]. [2020-08-01]. http：//www.xinhuanet.com/video/2018-09/10/C_1299

50774.htm.

［2］大学生暑期社会实践育人功能浅析［J］.艾宏伟.科技风.2015（18）.

抓住学生工作的几个关键点,精准发力,务求实效
——以北方工业大学文法学院为例

刘祥坠　单连良

摘　要：高校学生工作较为繁杂,在工作中要抓住关键点,精准发力。文法学院通过抓牢意识形态工作、打造"一支部一特色"品牌创建活动、"四航工程"、抓住重点学生促学风、加强学生工作队伍建设,凝练一批校园文化品牌等关键点,围绕立德树人的根本任务,积极作为,努力探索并积极构建教书育人、科研育人、实践育人、管理育人、服务育人、文化育人、组织育人相结合的长效机制,继续推进文法学院学生工作上水平、上台阶,以实际行动落实党的十九大会议精神,迎接学校第八次党员代表大会的胜利召开。

关键词：思想建设；学生工作；十九大精神

为深入学习贯彻党的十九大精神,落实全国和北京高校思想政治工作会议部署,进一步推进学校思想政治工作暨党建工作会议精神落细、落实、落小,文法学院坚持围绕立德树人根本任务,始终围绕"围绕学生、关照学生、服务学生"的工作思路,在工作中坚持以目标、问题和需求为导向,主动作为,找准突破口和着力点,牢牢抓住六个关键点开展工作,

有效推动学生工作的开展。

1 抓牢意识形态工作不放松

意识形态工作是党的一项极其重要的工作,思想政治工作从根本上说是做人的工作。学院坚持在校、院两级管理体制下,根据学校党委关于思想政治工作和德育工作的相关部署,紧紧围绕立德树人这一根本任务,秉持阵地意识,坚持用中国特色社会主义理论体系武装师生员工头脑,积极引导和培育广大师生践行社会主义核心价值观,筑牢思想根基,始终把抓好党的十八大、十八届历次全会精神、习近平新时代中国特色社会主义思想和党的十九大精神的学习贯彻作为学院思想政治工作的重要政治任务。

积极引导和培育广大师生践行社会主义核心价值观。始终坚持把社会主义核心价值观融入教书育人全过程,通过开展主题报告会、教师思想工作座谈会、学生主题座谈会与班会、廉洁教育进宿舍等主题活动,不断推进社会主义核心价值观教育活动落细落实。学院党委书记和院长带头分别以"长征精神与当代青年""明确目标、砥砺前行,争做社会主义合格建设者和接班人"为题开展报告会,进行核心价值观教育与宣传;多次组织并召开践行以社会主义核心价值观为主题的教授座谈会、青年教师座谈会、学生座谈会;以学生成长型班会的召开为契机,组织各班召开主题班会、主题团日活动,落实团支部"一学一做"教育活动和核心价值观主题教育实践;加强组织设计,推动廉洁教育入宿舍,启动廉洁作品设计大赛等活动,不断引导师生树立正确的世界观、人生观、价值观,保持对远大理想和奋斗目标的清醒认知和执着追求,筑牢共同团结奋斗的思想基础。

2 打造"一支部一特色"品牌创建工作

为深入推进"两学一做"学习教育常态化、制度化工作,切实提高基层党支部自主创新的能力，紧紧围绕"教书育人"这一中心工作开展"一支部一特色"品牌创建工作。其旨在坚持以学习为基础，努力提高学生党员和学生干部能力素质；坚持以服务为目的，努力校准党组织和广大党员职责定位；坚持以创新为动力，努力激发党组织和广大党员干部创造活力。

活动自开展以来，各支部党员积极发挥主观能动性，彰显了基层党支部的时代性与创造性。有的支部从自身专业入手，先后与法院、检察院等基层单位共同开展普法及义务咨询活动，既锻炼了党员队伍，又促进了专业课学习。有的支部将老党员、优秀党员请到学校，通过以老带新的方式，推进"两学一做"学习教育开展。"一支部一特色"品牌创建活动的开展，在学生中反响强烈，很多学生都认为，党支部活动比以前更有趣了，也更具体生动了。学生参与党支部活动的积极性也显著提高，保持了党建工作的积极态势。

"一支部一特色"品牌创建活动开展的关键点在于"特色"。支部活动要围绕特色，体现特色，形成特色。这需要党员加强理论学习，特别是围绕十九大精神的学习。为此，文法学院各党支部从支部自身出发，以不同的组织形式学习十九大、宣传十九大。同时，"特色"只是加强党建的重要抓手，从特色出发，以特色引路，根本目的是希望党支部成为推进学院各项工作的先锋，发挥党员的模范带头作用。

3　厚植成长成才的"四航"工程

坚持问题导向，不断解决实际问题，夯实基础工作。学院坚持"围绕学生、关照学生、服务学生"，以推进落实"引航工程""领航工程""护航工程""远航工程"四大工程和"学风建设年"工作为重点任务，发挥"黄金八周""相约晨光""复盘会"等载体优势，针对不同专业、不同年级、不同民族的学生，不断探索他们的成长规律，把思想政治工作贯穿教育教学全过程。

围绕新生适应问题，开展"引航工程"。新生适应性问题是新生引航工程的重点关注点，学院立足新生特点，通过多种形式，多角度开展新生适应教育，全方位帮助大一新生适应大学新生活，关注大一新生转变过程，尽快帮助他们完成"角色转变"，"系好人生第一粒扣子"。认真设计新生入学教育系列活动，切实保障学生日常生活资讯的全面性和完善性；积极召开成长型班会，夯实专业教育效度，培养专业认同感，塑造良好学风；将新生参加升国旗和入党启蒙教育列为新生教育必修环节，提升新生爱国情怀，提高他们的政治素养；发挥群团组织和优秀高年级学生队伍力量，坚持组织新生参加"相约晨光"晨练活动，培养新生良好习惯，提高学生参与社会活动意识；组织新生开展《学生手册》和《学生违纪处分条例》的学习，树立新生遵纪守法观念等。2017级学生专业认同率达到94.5%，校园学风认可度超过80%，入党申请书递交率超过50%，大学生活充实度达到82%。

明确外语四级抓手，实施"领航工程"。激发学生内在成长动力是领航工程实施的主要目标，学院根据引航工程实施效果，紧紧抓住外语四级备考这一"牛鼻子"，不断带动学风建设，以考促建、以赛促建，不断引导学生改善心智模式，激发内力觉醒。围绕四级备考和专业提升设计成长型班会内容，组织学业困难学生参加学业辅导中心学习，坚持组织学生参加"相约晨光"晨读活动，完善外语四级备考"双师"会商交流机制。2016级学生学风良好，前两个学期平均挂科率为12%，远低于全校平均水平。在2016级20个班级中，挂科率低于8%的班级达到7个。在2015级英语专业四级考试中，学生一次通过率达到82.5%，超过全国平均通过率34个百分点，其中英语15-1班专业四级一次通过率达到95%。

着眼职业生涯目标，推进"护航工程"。明确学生职业发展目标，实现科学的分层分流，是护航工程的出发点和落脚点。学院根据护航工程实施效果，立足学生职业发展目标，不断开展深度辅导与职业教育，按照考研升学、出国留学、工作就业三大类方向，努力引导学生确定职业发展目标。学院在第五学期启动护航工程，统合辅导员、班导师、各系专业教师和实习基地负责教师力量，进行考研动员、出国留学交流、实习实训交流等活动，为学生职业发展答疑解惑，指导学生科学做出职业目标的规划和选择。

全员推动就业工作，落实"远航工程"。学院尤其重视毕业生就业工作，积极探索并建立全员就业工作机制，以实现学生就业为目标，建立考研、出国、就业信息发布平台，组织考研（公务员）模拟面试，全员参与就业市场建设，形成党委书记牵头、院长负责、各系主任、班导师、辅导员、论文导师共同参与的全员就业机制。经过多年的实践探索，学院就业率稳步提升。2017年，学院一次就业率达到99.05%，学生考研率达到15.46%，综合升学率为22.08%，保持在高位水平。

关注研究生职业素养提升，助力学生成长。学院一直以来将研究生学术功底夯实和职业素养提升作为重要的培养目标，各硕士培养点形成了特色鲜明的学术沙龙、学术论坛、读书会和实习实训等教育方式。学院注重发挥研究生的作用，积极利用"助学、助管、助教"活动，增加研究生参与教育教学实践机会，提升职业素养。

4　关注重点学生群体，拉动学风建设

思想建设工作要善于抓住主要矛盾，善于抓住主要矛盾中的主要方面。我院学生人数在全校排名第一，要管理好这一庞大的学生队伍，必须抓住重点学生群体。重点学生群体可以分为两类：第一类是优秀学生群

体。包括奖学金获得者、学生党员、班干部等。第二类是问题学生，包括有身体问题、精神问题、学习问题、家庭问题的学生。

最近，党委副书记逐一找奖学金获得者和发展对象谈话，要求他们进行结对帮扶、精准帮扶，任务明确具体，具有可操作性。一方面，通过抓住优秀学生群体，使优秀的学生得到积极正面的反馈评价，有利于他们继续努力，取得更好的成绩。另一方面，优秀学生可以成为拉动学风的主力军，可以在学生中间形成"比学赶帮超"的良好氛围。如果每名优秀学生都可以拉动一名同学进步，那么优秀学生数就可以实现几何倍数的增长。

而抓住问题学生比抓住优秀学生更有意义，学生工作的基本内容就是为学生解决问题。在实践中，抓住问题学生，对学校的稳定有保障意义，因此不能放弃对问题学生的关心与帮助。对问题学生的帮助还是全方位育人的重要环节，我们不仅要教育具有扎实专业知识的学生，还要培养具有完整人格的学生。如果有问题的学生能够通过自身的努力克服困难，解决问题，那对于整个学院学风的拉动更具有指标性意义。因此，通过抓住重点学生，既可以和学生加强互动，也可以维持学校的稳定发展，并且可以有力地拉动学院的学风转变。

5 配强学生工作队伍，加强队伍建设

文法学院的学生历来思想活跃，接受新观念、新事物较快，可塑性较强。2017—2018学年，学院在册本科生、硕士研究生2063人，其中少数民族学生共计250余人（维吾尔族、哈萨克族等学生61人）。

思想政治工作开展得好不好，队伍建设是关键。文法学院注重思想政治工作队伍的建设，经过多年的实践，汇聚了校领导、学院领导、系主任、辅导员、班导师、党支部书记、青年骨干任课教师和学生团学骨干共同参与的思想政治工作队伍，各支队伍相互依存，科学分工，有效形成思

想政治工作合力。

学院坚持实施领导干部联系基层组织制度，学院领导分别主动联系各系室和党支部，并担任班导师。学院党委书记袁本文同志联系广告学系，将个人组织关系转至广告学教师党支部中，并担任中文16-2班班导师；院长刘泽军同志联系法律系，将个人组织关系转至法律系教师党支部中，并担任法学16-3班班导师，副书记刘祥坠同志联系中文系，将个人组织关系转至中文系教师党支部中，并担任广告16-3班班导师；副院长袁凤识同志联系英语系和日语系，并担任日语16-3班班导师。

辅导员、班导师坚持深入宿舍、课堂，全面掌握班级学生思想动态。面对辅导员编制缺少的状况，学院积极与学工、人事等部门加强协调，努力配齐、配强辅导员队伍，彻底扭转辅导员极度短缺局面，学院辅导员由学期初仅3名专职辅导员和1名兼职辅导员扩充到9名专职辅导员和1名兼职辅导员队伍，其中有学生工作管理经验的5人（含新疆内派教师1名）。学院辅导员坚持深入学生宿舍和课堂中，了解学生思想动态，掌握学生课堂出勤情况，积极利用心理普查、资助工作、就业指导、学业辅导、特殊群体筛查等工作抓手，坚持开展心理辅导，每年完成至少200人的深度辅导记录。班导师坚持实行坐班制度，坚持每1~2个月与学生谈话一次，及时将谈话信息与辅导员进行沟通会商。

党支部书记依托支部组织优势，带领广大党员积极分子参加理论知识学习，带头践行社会主义核心价值观，开展各类社会实践。青年骨干教师积极利用业务优势，将思想政治工作与对学生开展学业辅导有机结合起来，引导学生增强责任意识与担当。

学生团学骨干队伍和小辅导员队伍是学院开展思想政治工作的重要力量和得力助手。新形势下，班级观念淡化、学生个性化突出及教育阵地转移，思想政治教育工作仍然面临重大挑战。抓好学生团学骨干队伍的思想政治工作和社会主义核心价值观教育，引导学生干部客观认识自身作用、正确定位自身角色，在学习和工作中内强素质、外树形象，注重品学，做好表率，从而带动学生参与思想政治教育工作，让学生实实在在地感受到组织的温暖，使思想政治教育工作在广大学生中实现入脑、入口、入心。

为此，我们提出，文法学院的学生工作要把握"12345"工作思路。坚持"一个方针"，即坚持党的教育方针，立德树人，德育为先，培养社会主义事业合格的建设者和接班人；抓住"两条线"，一手抓学生成长成才这条"主线"，一手抓学生安全稳定这条"底线"；把握"三个途径"，做好学生工作的教育、管理、服务三方面的工作；念好"四字经"，学生工作要到"严、深、细、实"；下好"五子棋"，做好学生"学业设计、评优评先、奖助贷勤、创新创业、心理引导"五项主要工作，从而进一步凝练具有"文法品位"的学生工作特色，努力建设一支"头脑有理念、心中有学生、操作有方法、脚下有行动"的学生工作队伍，提升思想政治工作水平。

6 凝练一批有影响力的校园文化品牌

加强校园文化建设，提升特色品位，提升凝聚力。学院注重校园文化产品的打造，积极挖掘文化产品的内涵，逐渐形成以"文法印象·逐梦青春"为品牌，"四大节"校园文化活动为支撑，各专业系室第二课堂文化活动为组成的极具文法特色的校园文化体系。

经过多年的探索，学院凝练出一批具有文法特色的第二课堂实践教学成果，如新生晚会说青春、话梦想，毕业生晚会诉情怀、讲理想；法律系的模拟法庭和辩论赛上，学生唇枪舌剑，并多次斩获北京市级奖励，英语系经典"莎剧"展演彰显文法的国际品位，日语系日本茶道基地教学让日语学习更有趣，中文系诗歌会和故事会传播着文法情怀，广告学系大广赛上学生作品纷呈，公共英语系外研社杯英语演讲比赛和研究生英语演讲大赛汇聚全校英语学习爱好者切磋技艺等。学院积极承办"四大节"活动，经过多年的实践与沉淀，形成了一批具有文法特色的品牌性活动，延伸了学院校园文化的化育半径。艺术节"剧风来袭"和"moving melody"活动中，学生才艺大展、展现青春魅力；文化节"超级演讲比赛""宿舍共读一本经典书籍"活动中，师生共同讲述时代故事、传递时代声音；科学节"人文知识竞赛"中，学生提笔挥毫，共展文化自信，同书文化传承；体育节"趣味运动会"和"学校运动会"中，青年学子追求更高、更快、更强的身影涌现。"文法印象·逐梦青春"是在实践中凝结而成的，是一体的文化品牌，是学院凝聚学生、服务学生、以文化人、以文育人的重要承载。

思想政治工作和学生工作是一项重大的政治任务和战略工程，事关中国特色社会主义事业继承人的培养。文法学院将继续在学校党委的领导下，坚持"迈小步、往前走、不掉队"的工作思路，围绕立德树人的根本任务积极作为，努力探索并积极构建教书育人、科研育人、实践育人、管理育人、服务育人、文化育人、组织育人相结合的长效机制，继续推进文法学院思想政治工作上水平上台阶，推进各项工作再创新高，以实际行动落实党的十九大会议精神，迎接学校第八次党员代表大会的胜利召开。

"乔哈里窗"视域下高校学生宿舍共同愿景构建策略

单连良 金 磊

摘 要：高校学生宿舍共同愿景是学习型宿舍建设的重要内容，是当前高校思想政治工作下沉的有效抓手。"乔哈里窗"理论模型为共同愿景的构建提供实践理论支撑，它的信息窗口存在形态以及它在横向、纵向、斜向上的移动规则，对高校学生在宿舍内培养共同语言、开展集体学习、深入会谈以及自我超越有着重要的启示和指导意义。

关键词：乔哈里窗；共同愿景；宿舍管理

1 乔哈里窗基本理论模型

"乔哈里窗"（Johari Window），也被称作"乔哈里视窗"或"乔哈里资讯窗"。它作为一种心理假想模型，最早由美国心理学家乔瑟夫·勒夫（Joseph Luft）和哈里·英格拉姆（Harry Ingram）在20世纪50年代提出，当时主要是为了解决组织动力学方面的问题。乔哈里窗是一种典型的"自我意识的发现—反馈模型"，它后来被广泛应用于沟通理论与技巧方面的研究与实践，成为组织行为学研究的重要理论模型之一。

"乔哈里窗"模型形象地把人的内心世界比作一个窗口，并根据人际传播双方对传播内容的熟悉程度,以"我知—我不知"和"你知—你不知"两个维度,将人际沟通信息划分为四个区或象限。如图1所示。

	你知	
我知	公开区 (The Open Area)	盲目区 (The Blind Spot)	我不知
	隐藏区 (The Hidden Facade)	封闭区 (The Closed Area)	
	你不知	

图1　"乔哈里窗"静态图

基于宿舍范围,图1中的第一象限是公开区或共识区,这个区域的信息包括宿舍中"你知""我知"的公开信息或者形成的共识;第二象限是盲目区,即你自己不清楚但宿舍其他成员知道的关于你的信息;第三象限是隐藏区,这个区域的信息主要包括你知道而其他宿舍成员不知道的内容,如个人的秘密、希望、心愿以及对待某类事物的看法等;第四象限是封闭区或潜力区,这是宿舍内你和其他成员都不了解的全新领域,有待于所有人共同挖掘的信息区。

2　学生宿舍共同愿景及其内涵

愿景,也称"远景",这一概念最早由美国麻省理工学院的彼得·圣吉(Peter Senge)教授在其《第五项修炼》一书中提出。他认为,愿景是个人愿望实现时所呈现的一种对人自身的鼓舞与感召景象。共同愿景是多个人的愿景相互交融、叠加后所展现的为大家所共同期望的景象,简而言之,它是建立在组织及其成员价值和使命一致基础上的,被组织成员普遍接受和认同的共同愿望、共同理想和发展目标。据此,我们可以将学生宿舍共同愿景归结为建立在以学生宿舍为基本组织单元的宿舍及其成员价值和使命一致的基础上的，被全体宿舍成员接受和认同的共同愿望、共同理想和发展目标的总称。

由于学生宿舍的共同愿景是全体宿舍成员发自内心的愿望，它通常需要建立一个相对高远而又可逐步实现的目标，引导宿舍成员沿着正确的方向向前发展并为宿舍整体的发展提供了机会。宿舍共同愿景的构建需要宿舍成员之间不断培养共同语言、开展团队学习、进行深度会谈以及实现自我超越等，从本质上讲，这就是宿舍成员间不断沟通、交流，并互相学习，互相鼓励，达成统一目标的过程。

3 乔哈里窗界面移动规则

根据信息在"乔哈里窗"的四个象限的基本存在形态，我们可以得出，信息只有在公开区是对称的，盲目区和隐藏区都存在信息不对称情形，未知区是信息"真空区"，但这种"真空"不是实际上无的状态，而是会随着信息互动实现从无到有的过程。因此，在一般情况下，真正而有效的沟通是在公开区内进行的，其他区域内的沟通都存在非完全性的特点。

基于信息存在形态与流动特点，乔哈里窗口也会随着信息的流动发生形态上的变化。窗口的移动和信息的跳移是反向的。例如，学生宿舍初步组建时，当成员A首次对其他人说"我是山东青岛人"，这条信息就从A的隐藏区跳到了A的公开区，同时A的信息窗口发生了公开区向隐藏区进行移动的变化。依次类推，如果我们按移动方向划分，窗口的移动方式分为三种——水平、垂直以及斜向。

水平方向上，包含窗口由公开区向盲目区、由隐藏区向封闭区的两个移动过程。窗口由公开区向盲目区移动的过程一般就是请教与反馈的过程。如 A 向宿舍其他成员告知了自己是青岛人的信息后,他一般会隐性或者显性地问其他人是哪里人,当其他人告诉 A 时,信息就完成了从盲目区跳到公开区,窗口也就发生了相应的移动。窗口由隐藏区向封闭区移动的过程一般是自我反思与自我发现的过程。在宿舍其他人告诉 A 他们分别来自哪里时,A 会不自觉地对接收的信息进行再加工。如 B 说自己来自辽宁大连,那么 A 会将所有青岛与大连的共同点以及他们可能存在的海洋城市生活习惯等信息在内心进行罗列与对比,通过自我发现来完成对封闭区的开发过程。

垂直方向上,包含窗口由公开区向隐藏区、由盲目区向未知区的两个移动过程。窗口由公开区向隐藏区移动的过程一般就是自我表露或者信息告知的过程,A 向大家做自我介绍就是这样一个过程。窗口由盲目区向封闭区移动的过程一般是一个他人发现的过程。如当 A 告知其他人自己是山东青岛人后,其他人在向 A 分享自己的来源之前的这个过程中,已经完成了自己对 A 的各项可能性分析,就在这样一个过程中完成了对 A 的未知区和自己的未知区的开发过程。

斜向上,是窗口由公开区向未知区移动的过程,这个过程一般是交流共享、凝聚共识的过程。例如,A 已经知道其他人想要毕业后考研究生,其他人也知道 A 毕业后想去美国学习,他们彼此都知道英语学习的重要性,但他们通过交流分享后萌发共同学习的想法,达成相约参加英语角的共识。就这样在他们的互动交流中发生了碰撞并形成的信息,推动窗口从公开区向未知区移动。

经过上述分析,我们不难发现,"乔哈里窗"具有四个特点:一是信息与窗口全覆盖,交流双方持有的信息都可以按照知晓与否归到相应的象限中;二是交流主体各有其窗口,窗口形状大小的变动是即时形成的,并在交互过程中各自变化;三是信息跳离影响窗口形态,随着交往的进行,信息随时可以跳离原有窗口，原来象限区的形态大小就会发生变化；四是窗格移动具有不可逆性，因为已经公开的信息"就是泼出去的水"，是不能回收的，因此象限的移动只能是单向的。简单而言，"乔哈里窗"的界面移动，本质上就是公开区不断放大，其他信息区不断缩小的过程。如图2所示。

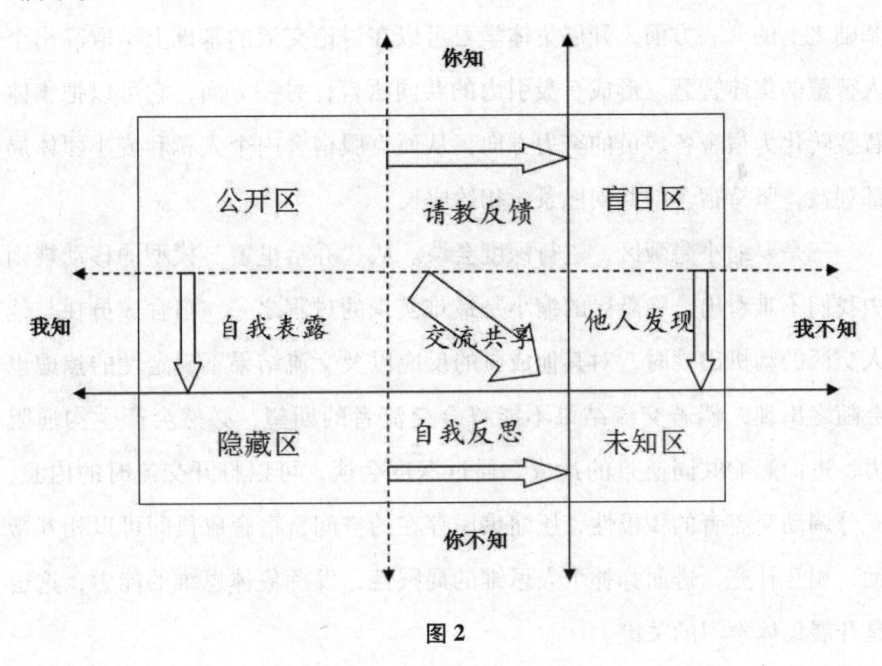

图2

4 学生宿舍共同愿景构建的策略

一是要扩大公开区，培养共同语言。根据"乔哈里窗"模型的移动规则，沟通双方要追求信息公开区的不断扩大，信息公开区越大，越容易达成共识，也就越容易形成共同愿景。而宿舍共同愿景构建的前提是要在宿舍各成员间培养共同语言。共同语言既是共同话题的表示方法，又是共同话语体系的体现，它能够反映宿舍各成员的共同点，如共同兴趣、共同发展目标、共同价值观等。共同语言根植于每个成员的个人愿景中，会随着成员间的沟通而得到培养，并且可以推动一个只存在于两三个成员之间的共同语言扩展到整个宿舍成员中。

二是要规避盲目区，开展集体学习。"乔哈里窗"模型的移动规则显示公开区的扩大最主要得益于"请教—反馈"沟通路径的实施，得益于对信息盲目区的规避。宿舍成员间共同语言的培养是建立在成员间集体学习基础之上的。一方面，开展集体学习可以在讨论交流的基础上萃取高出个人智慧的集体智慧，形成有吸引力的共同语言；另一方面，它可以把集体智慧转化为宿舍各成员的努力方向，从而克服宿舍内个人私利或小团体局部利益，坚持宿舍的共同愿景，相约成长。

三是要缩小隐蔽区，进行深度会谈。从"乔哈里窗"模型的移动规则中我们不难看出，隐蔽区的缩小是最难实现的过程之一。宿舍成员在与他人交谈的动机出现时，对其他成员的反应以及交流结果不确定性的焦虑也会随之出现，倘若交流结果不能符合交流者的期望，必然会产生沟通阻力，进而影响共同愿景的达成。通过深度会谈，可以打开交流时的内心，充分调动交流者的积极性，压缩焦虑存在的空间，宿舍成员间可以相互帮助、相互补充，进而弥补个人思维的局限性，发挥集体思维的能力，这也是开展集体学习的关键。

四是要探视未知区，实现自我超越。"乔哈里窗"模型移动规则的终极目标是实现对未知区的不断探视与挖掘，不断激发共同成长的潜力，形成自我超越的内在动力。宿舍共同愿景的构建不能脱离宿舍成员的个人愿景，并要积极利用共同语言的培养、集体学习的开展和深度会谈等方式，保持宿舍成员面对共同愿景与现实差距的创造性张力，挖掘每个成员内心积极向上的欲望和潜能，激发内生动力，推动宿舍集体不断超越自己，实现更远大的愿景。

从辅导员视角浅析高校学风建设问题

夏丹梅

摘 要：高校肩负着人才培养的重要使命，高校的学风建设是培养高质量人才的有效途径和重要保证。本文从高校辅导员的视角下，对加强大学生学风建设进行探析，从学生自身、学校现状、社会风气、学生家长四个维度阐述了影响新时代高校学风建设的原因，并从多个方面提出促进高校学风建设的构建策略及建议，以更好地促进高校大学生学风工作的开展，加强学生思想道德建设，落实立德树人目标，实现人才培养的创新，形成优良校风和学风，推动高校学风建设。

关键词：高校；学风建设；高校辅导员

1 引言

习近平总书记在全国高校思想政治工作会议上指出："好的校风和学风，能够为学生学习成长营造好气候、创造好生态。"高校肩负着人才培养的重要使命，高校学风建设是培养高质量人才的有效途径和重要保证。优良的高校学风需要学生个人的努力、家长的支持、全体教职工的辛勤付出、高校的制度保障及良好的社会环境。现在，由于国际关系发生了巨大变化，教育的作用和地位不断提升，国家对人才的需求空前高涨。在新的社会框架下，积极探索影响高校学风的实践和理论因素、寻求提高高校学术质量的有效措施有重要现实意义。高等教育既要始终站在最高位置，就必须竭尽全力为国家服务，努力培养国家和社会所需的高质量人才。树立新时代良好的学习风气不仅是社会改革发展的客观需要，也是提升国家竞争力的重要途径。

2 大学生学风建设存在的问题

2.1 学生自身问题

学生在经过人生中最重要的考试——高考后，迎来接近三个月的假期，并且将高考的压抑在假期里面尽情释放。大学开学后，很多学生会找不到方向，不能在短时间内转变身份，其生活习惯、学习习惯还停留在高中时期。中学阶段的"应试""填鸭式"教育的模式已经完全不适用于大学课程的学习，不能够清晰确定自己的学习目标。同时，若出现自己的大学生活与预期的"象牙塔"不相符的心情，如对所学专业不感兴趣、不会处理大学这个小社会的人际关系等，学生会逐渐褪去入学前的雄心壮志，随之而来的就是目标缺失、精神懈怠，进而将注意力转移到可以获得及时满足的课余活动或网络游戏上，最终导致挂科、重修，陷入学业困境。

除此之外，即使学生在大学有一个良好的开端，大多数学生也会陷入"前途困境"。职业规划是每个学生都应必修的课程，但找目标的过程是痛苦的，因此很多学生在迷茫的过程中会陷入困境，甚至自暴自弃。职业生涯规划课目前基本覆盖所有高等院校，但从历届毕业生的反馈中发现，很多学生即使学完这门课程后，仍旧不能有合理的未来规划。职业生涯规划课程是一些理论模型，每个学生的兴趣爱好、性格截然不同，所以应结合自身特点找到一条适合自己的发展道路。然而，很多学生对自己的专业认识不到位，对自己所学专业在社会中的市场分析不够透彻，同时专业领域的社会实践、实习等相对较少，导致理论知识与社会实践相脱节，所以无法给自己提前做出职业预判，最终目标不明确，学习动力不足。

2.2 学校现存问题

学生的素质随着高等学校连年扩招产生差异，使部分高校校风建设中陈旧的教学管理制度遇到瓶颈。部分学校由于学风建设机制不完善，校内频频发生大学生逃学、考试作弊的现象，甚至有些校园中存在学历造假、论文抄袭等现象，严重破坏了学风建设，破坏了大学良好的学习氛围。

此外，部分高校教师教学态度不端正、业务能力不强，使大学生学习的积极性严重降低。而且一些高校教师不能以身作则，对学生的旷课、抄袭等违反校规校纪的行为视而不见，主题班会、班级活动趋于表面形式化，对学生思想上懈怠、心理健康上重视不够，对学生谈心谈话不够深入，班级的班风建设没有规划。除此之外，有些学院的辅导员相对较少，平时事务性工作比较繁忙，不能有更多的时间去深入思考促进学风建设的有效方法，进而使促进学风建设的学生活动相对较少。

2.3 社会风气

网络媒体的飞速发展，电脑、手机等现代电子产品为学生提供了学习和技术的便利，很多他们不理解的问题，可以通过网络研究得到解答和补给。然而，网络媒体对高校学风的推广和建设有正反两方面的影响。一方面，网络学习拓宽了以往的思维方式，如各种网课、前辈分享的学习资料和学习经验，这些都会对学校课上的内容进行补充，扩大学生的学术视野。但另一方面，由于网络信息真假难辨，部分缺乏甄别能力的大学生受到一些不良信息的影响，虽说网络中可以包含整个图书馆，图书馆中任意一本书也可以在网络中搜寻到，每个知识点的阐述也尽可能详细，但网络世界终究不是现实，它始终缺乏图书馆中安逸的学习氛围，部分自制力差的学生难以保持清醒，不能拒绝手机的诱惑，养成浮躁的心情和不利于自身发展的学习习惯，最终降低学习意愿，甚至沉迷于网络，荒废学业。

2.4 家庭原因

家庭因素在子女成长中起着不可忽视的作用，相对于学校教育，家庭教育更具有基础性，为孩子在大学之后的成长提供基层支持。而当学生进入大学之后，一些家长会将自己的愿望和期望强加在孩子的未来上，无法将孩子成长与所学专业结合起来，忽略学生专业课程的学习和专业技能的养成。除此之外，进入高校后的学生大部分已经成年，他们与家长的沟通交流逐渐减少，亲子关系不如之前亲密，与此同时，一些家长在送学生上大学后，认为他们已经完成了使命，孩子的成长成才便是孩子自己和学校的任务了。并且大多数家长对子女在学校所学专业了解很少，无法与学生进行更深层次的交流，除了物质生活，其余一概不问。双重作用下，导致一些学生只有在生活费用短缺时才与父母联系。最终父母对自家孩子在校表现、学业成绩一无所知，不能及时有效地对影响学生学业的行为进行干预和引导。

3 加强大学生学风建设的对策

3.1 学校深入开展大学生思想政治教育工作

加强思想引领，深化社会主义核心价值观宣传教育。以重大事件为契机，围绕学习十九大精神、抗战胜利70周年等开展主题宣传教育，进行培育和践行社会主义核心价值观的主要宣传报道。贯彻落实中央和北京市有关会议及文件精神，构建大思政教育工作格局，坚持社会主义办学方向，紧紧围绕立德树人根本任务，全面贯彻全国和北京高校思政工作会议精神，将思政工作贯穿到全员、全程、全方位中。设计学生成长激励行动计划，搭建多种载体，有效增进学生对大学学习生活的系统思考，切实推动学风、校风建设。

3.2 积极营造良好学术氛围，将措施具体化

为进一步加强学风建设、营造良好的学习风气、提高学生的学习能力，学校需要对各类学业辅导模式进行新一轮的探索，根据学生的"短板"需要，在原有"补缺"基础上增改了辅导方式和内容，全面开展一系列学习辅导活动。因此，学院需大面积动员教师参与到学业辅导工作中，如成立课外学习小组，开展学霸讲堂、公共基础课学习内容等一系列辅导活动。

同时，针对基础理论课进行全员辅导。对新入学本科学生来说，基础课学习内容多且抽象，学习难度很大，而它们又是后续课程学习以及考研的重中之重，因此让学生全面扎实基本功是很有必要的。为了帮助新生尽快通过基础学习第一关，可成立基础理论课学习组，采取分组学习的方式，充分调动组员的积极性，引导学生全员参与其中。

针对期末考试开展的"学霸讲堂"。这是"朋辈学习"的一项典型的传统活动，主要针对学生的期末复习。通过选拔优秀的学生担任"学霸讲堂"的小老师，集中为在学习上有困难的学生进行课堂讲授、答疑解惑，形成学生之间互动交流、互相提高的良好学习模式。这种学生之间互动学习的方式更有助于发挥榜样的模范带头作用，促进了班风、学风的建设，形成良好的学习风气。

3.3 以赛促学

学校应加大宣传工作力度，极大地调动学生的参与热情。依托大赛，可以促进学生的学习，加强动手能力的培养，可以让学生在比赛中发现自己的不足，并在一定程度上将大赛的知识灵活融入课堂学习中，以提高学生专业知识的理论水平。此外，在学生之间，可以通过竞赛形成良性的竞争与合作关系，增强学生的竞争合作意识。

3.4 加强教师队伍的管理，建设良好师风

要进一步加强学生的思想政治教育，加强学生对培育优良学风建设的

高度认识，让学生从心理上高度重视。辅导员作为一线教育工作者，要紧密协调学生与学校、学生与教师、学生与家长、家长与学校之间的关系，肩负起学生日常思想政治教育的重任。加强教师队伍的管理，严格把关职称评聘和人才引进质量，完善教师考核机制，树立良好的师德师风。同时，辅导员对学生有着不容忽视的影响，他们肩负历史赋予的重任，所以必须具备过硬素质，投身育人事业，努力做好学生学业发展的引导者，用思政教育为构建优良学风奠定扎实基础。教育的核心目标是培养人，辅导员在学风建设中必须强化大学生思想政治教育，全面激发学生深层学习的动力，引导学生对优良学风重要价值的认同。为此，辅导员在对学生进行日常教育管理的过程中，应定期与学生谈心谈话，向其渗透正确的价值观念，正面引导学生以足够的治学和正确的治学之道本领来报效祖国。

4 结语

弘扬好学风是大学改革研究的重点之一。在大学里，好的学风是一股无形的力量，具有很强的领导力、凝聚力和规范责任感，良好的学风能够促进学生学业的成功，可以激发学生的思维，加强和提高道德建设。由此，我们应遵循大学生成长成才的客观规律，从全方位汇集各方力量、畅享各方资源、借助各种渠道，积极构建育人共同体，努力打通育人的"最后一公里"，建设良好的学风。

参考文献

[1] 习近平. 把思想政治工作贯穿教育教学全过程，开创我国高等教育事业发展新局面 [N]. 人民日报，2016-12-09.

[2] 袁楠，张立. "三全育人"理念下高校学风建设体系构建研究 [J]. 开封文化艺术职业学院学报，2021，41（04）.

［3］陈玉栋．试论高校学风建设的概念、主体及特性［J］．高教探索，2014（04）．

［4］沈自友．以辅导员队伍建设为着力点引领高校学风建设［J］．思想政治教育研究，2007（06）．

［5］仝友鹏．从辅导员视角浅析高校学风建设存在的问题［J］．现代交际，2021（23）．

［6］周果子，陈军．"三全育人"理念下高校辅导员加强大学新生学风建设的新举措［J］．长沙理工大学学报（社会科学版），2022，37（01）．

［7］陈露．高校辅导员在学风建设中的角色定位与行动路径［J］．经济研究导刊，2021（33）．

［8］于洪亮，于慧丽．高校辅导员加强大学生学风建设探析［J］．品位·经典，2021（05）．

［9］王祖鑫，赵鹏．三全育人背景下构建高校学风建设共同体的路径探究［J］．安徽电子信息职业技术学院学报，2021，20（02）．

三、家庭经济困难学生资助

发展型资助方式在高校贫困生就业能力培养方面的应用

杨乾振

摘要：发展型资助作为近年来高校贫困生帮扶工作中重点采取的方式，在提高资助的精准性和有效性等方面具有明显的特点。考虑到贫困生在就业方面的需求以及短板，高校应当将发展型资助方式的应用引入贫困生的就业能力培养中，通过精准、有效的资助来提高学生的就业能力，促使其稳定就业。本文首先分析了发展型资助方式在贫困生就业能力培养方面发挥的作用，其次对该种方式的具体应用策略进行了探讨分析，为高校提高贫困生就业能力提供了相应的思路和方法参考。

关键词：发展型资助方式；贫困生；就业能力培养

前言

贫困生是高校学生中的特殊群体。一方面，受家庭经济拮据等因素的影响，学生的基本生活和学习条件比较差，缺乏基本的生存和发展条件保障；另一方面，贫困现象的代际传递特点决定了要努力解决贫困生的就业问题，以此隔断贫困的代际传递，促进贫困现象的彻底解决。因此，如何培养贫困生的就业能力，使其真正实现稳定就业、良好就业，逐步摆脱贫困的状态，是高校在人才培养和贫困生帮扶方面需要重点关注的问题。近年来，越来越多的高校开始由传统粗放型的贫困生资助向以发展为重心的资助方式转变，这也使贫困生的就业能力培养成为提高贫困生自我发展意识和能力的重要突破口。当然，目前高校关于发展型资助方式在高校贫困生就业能力培养方面还处于探索阶段，需要循序渐进地进行推进。

1 发展型资助方式在高校贫困生就业能力培养方面的作用

发展型资助方式是从贫困生长远发展的角度出发，根据学生发展的实际需要，为其提供有形和无形资助的一种贫困生资助方式。相较于传统的以金钱资助为主的方式而言，发展型资助方式不仅适用于学生在校学习期间的生活条件、学习条件改善，还适用于学生在毕业离校后的职能发展实力的培养。从贫困生就业能力培养的角度看，发展型资助方式主要有以下三方面的作用。

1.1 提高贫困生就业能力培养的针对性

虽然贫困生均表现出生活和学习条件较差的特征，但每个贫困生在未来就业方面的兴趣和想法存在明显的个性化差异，这使其在就业能力培养需求方面出现因人而异的情况。高校通过发展型资助方式，可以为不同就业意愿的贫困生提供相应的就业能力培养指导和帮助，使学生有充足的能力按照自己的想法发展自己的就业能力，并最终实现毕业后的顺利就业。显然，这种根据学生个性化特点开展的资助方式能够明显提高贫困生的就业能力。

1.2 突出贫困生就业能力培养的主体性

发展型资助方式是从贫困生自主、稳定、长远发展的角度出发开展的阶段性资助活动。在资助过程中，高校主要为贫困生提供相应的就业条件支持，使其能够有与正常条件的大学生一样的就业能力和机会，进而帮助其实现顺利就业。换而言之，高校为贫困生提供的资助内容和方式是根据贫困生就业能力发展的实际需要确定的，而不是根据高校对贫困生就业能力培养需求的主观推测或者假设提供的，这就使贫困生成为就业能力培养的主体，高校则是根据贫困生提出的需求进行针对性的帮扶，避免贫困生对资助的过于依赖和在就业方面出现的惰性。

1.3 增强贫困生就业能力发展认知

贫困生往往在就业方面的学习和成长经历比较欠缺，对就业能力、就业的关系以及就业能力发展的方式等方面缺乏深入的理解和科学的认知，这在较大程度上限制了其通过就业改变自身及家庭命运的认知和实践。为贫困生提供发展型资助，可以使其逐步认识到可以通过就业能力的发展来提高自己的就业竞争力，最后找到适合自己的工作，并通过工作的开展来提高自己的经济收益，从而改变自己和家庭的经济生活状况，真正走出贫困陷阱。

2 高校借助发展型资助方式培养贫困生就业能力的具体策略

从理论上看，高校为学生提供的发展型资助方式可以有效提高贫困生的就业能力，使贫困生较容易地实现就业，改变命运。但是，从现实的角度看，贫困生个性化的就业发展方向和兴趣对高校在发展型资助活动开展方面提出较多的挑战，这就需要高校根据贫困生就业的实际情况，开展持续性的实践探索。具体来说，发展型资助应当从以下几方面入手。

2.1 精准把握贫困生就业能力培养需求

高校应当明确以二级学院为主要单元的贫困生就业能力培养模块，构建以专业为基础、兴趣为参考的贫困生就业能力培养需求框架。同时，高校要指导二级学院在对本院校各专业班级中贫困生就业能力需求方面的情况进行摸底，了解不同专业或者同一专业的学生在就业意愿、就业兴趣、就业想法等方面的情况，从而树立出以就业方向为主要"标签"的就业能力培养需求清单，将其作为发展型资助的重要关注内容。例如，高校可以按照贫困生的就业方向，将就业能力培养分为"企业单位类""事业单位类""政府类""社会公益组织类""基层自治组织类"等不同类型，使贫困生的就业能力培养需求得到精细化的划分。

2.2 丰富贫困生就业能力培养内容

贫困生就业能力培养是立足贫困生长远发展、自主发展而为其提供的针对性帮扶，其直接关系到贫困生最终的就业实力和就业结果。因此，高校要注意保证就业内容的实效性，使每个贫困生都能够通过资助获得真正有用的能力收获。为此，高校除了组织开展面向贫困生的就业知识和技能培训活动，还可以以就业能力为核心，辐射相关的能力培养课程，并以"就业能力培养资助包"的方式分配给贫困生，使贫困生根据自己的兴趣、爱好和实际需求，自主地进行选择和学习。例如，高校可以为贫困生发放就业技能训练包，其中包括"面试技巧""才艺展示技巧""笔试应答技巧"等内容，让贫困生可以根据自己就业方面的优势和不足进行灵活的取舍。

2.3 优化贫困生就业能力培养方式

相较于简单的理论和技巧讲解而言，贫困生更期望获得实践性的就业能力培养指导，使自己能够真正从行为操作方面掌握就业的关键性技巧和方法。为此，高校要改变以理论传授为主的发展型资助方式，为贫困生创设真实的就业能力发展环境，使其在特定的场合进行反复、灵活、多样的练习，最终真正掌握就业方面的技巧和方法，弥补自己在就业方面的短板。例如，高校可以组织就业指导教师开设面向贫困生的就业技能训练课程，手把手、面对面地指导贫困生如何择业、如何面试、如何处理好日常工作中的复杂问题等，使贫困生逐步掌握扎实的就业和职业发展实力。

结语

贫困是影响部分高校学生实现良好的学习和生活的突出性问题。考虑到贫困生在就业方面表现出的个性化特点，高校有必要引入发展型资助方式，帮助贫困生提高自己的就业能力。在实际的就业能力资助中，高校要在精准把握贫困生就业能力培养需求的基础上，丰富贫困生就业能力培养内容，优化贫困生就业能力培养方式，确保贫困生就业能力的稳定、有效提高。

参考文献：

[1] 蒋小纯，高红明．高校发展型资助育人"以困助困，以困扶困"模式构建探讨［J］．大学，2021（22）．

[2] 杨伟伟．"发展型资助"视阈下高校贫困生双创教育的探索与实践——以温州大学瓯江学院为例［J］．长江丛刊，2020（35）．

[3] 刘莉．发展型资助方式提升高校贫困生就业能力的思考［J］．就业与保障，2020（22）．

[4] 崔岩岩，纪晓梅．发展型资助对高校育人的启示［J］．教育财会研究，2020，31（05）．

[5] 孔飞．新时代高校发展型资助育人内涵与路径探析［J］．改革与开放，2020（11）．

浅析大数据背景下高校资助工作

王 波

摘要： 高校资助工作是实现教育强国的重要举措，在大数据背景下，高效的信息化管理对学生资助工作发挥着重要作用。通过先进的技术手段不断丰富并完善学生资助工作体系，更加精准有效地开展学生资助工作，这个意义重大。目前高校资助工作还存在着一些亟待解决的问题，要解决这些问题就需充分认识到大数据技术带来的机遇和挑战，不断调整工作思路，改进工作方法，提升工作实效。

关键词： 大数据；精准资助；实效性；路径

党中央在《国民经济和社会发展第十三个五年规划的建议》中提出了一系列新的发展要求，精准扶贫、推进数据资源开放共享、实施国家大数据战略等一系列新举措的实施直接关系到国计民生。2017年，全国教育工作会议上，教育部部长陈宝生曾明确指出："如何有效应对大数据、人工智能、新技术新产业新业态等带来的新挑战，让教育变革跟上时代。"这些在教育过程中，尤其高等教育过程中遇到的热点、难点问题亟待解决。资助育人作为高校学生工作中的重要组成部分，其工作开展得精准与否直接影响育人的效果，关乎学生的成长成才。

1 我国高校学生资助体系现状

国家历来重视高校家庭经济困难学生资助问题,目前在全国各高校设有国家奖学金、国家励志奖学金、国家助学金、国家助学贷款、勤工助学、学费减免等多种形式有机结合并相互促进的高校家庭困难学生资助政策体系。另外,国家还积极引导和鼓励社会团体、企业和个人面向高校设立各科奖、助学金,共同帮助高校家庭经济困难学生入学并顺利毕业。

现行高校贫困生资助政策对促进社会公平,尤其教育公平,体现党和政府对家庭经济困难学生的关怀起到了不可忽视的作用。然而,在贫困生认定过程中还存在信息不够准确、贫困程度评价标准不够统一等突出问题。高校贫困生评定工作需要建立客观准确的评价体系,从而对目前的评价方式进行有益补充,最终达到精准评定资助对象、精准安排资助项目的目标,精准开展资助活动,让学生切身体会到国家、社会发展带来的红利。

2 大数据在高校精准资助工作中运用的局限性

2.1 大数据参考指标相对固定,不容易剔除干扰因素

贫困生的认定工作一直是高校资助工作的重点和难点。贫困生评定工作不仅仅是一项教育工作,它更加体现了社会的公平正义,体现了对社会公共资源的有效合理配置。大数据在高校资助工作的运用是一项积极的、有意义的尝试,它区别于传统意义上的贫困生评定工作,给大家工作带来了全新的挑战。因此,如何优化目前的贫困生评估体系,合理使用大数据显得尤为重要。

2.2 使用过程偏工具化,具体问题需要具体分析

大数据作为一种量化工具,应在理性使用的前提下考虑到学生的客观

实际，以期达到对贫困生的精准资助。在实际运用过程中，很多人都忽视了大数据的具体特点，只强调了显性因素，而忽略了隐性因素。因此，学校工作人员需要通过对贫困学生具体情况的了解来鉴别真正需要资助的学生，从而做到精准资助。

2.3 评定过程中较难兼顾效率和公平

高校家庭经济困难学生的评定工作细则必须坚持"公平、公正、公开"的原则，但是这种工作方式时常会给贫困生带来无形的压力，导致部分贫困大学生因为个人隐私、人格尊严等问题放弃申请各类奖、助学金，导致资助工作不能做到应助尽助。运用大数据，可以实现通过运用隐匿的方式对贫困学生进行精准资助，有效保障受资助学生的知情权和隐私权，从而彰显教育公平。

3 学校精准资助工作需与大数据有机结合

3.1 大数据分析需要充分考虑被资助个体特性

大数据技术能够实现数据的实时采集，避免了传统形式采集信息的滞后性和不完整性。同时，大数据分析能够使原本无法量化的信息，如感性层面等因素，通过深入挖掘和分析得以部分量化体现，从而对学校精准资助工作研究的个体形成更加全面、深刻、准确的认识，最终实现精准资助。

3.2 精准资助离不开大数据分析的强大支持

在对高校贫困生评定过程中，可以借助大数据技术，动态分析每个学生的信息，并对相关重要数据进行实时监测以及及时处理，全面整合学生相关信息。

4 大数据背景下高校精准资助体系和模式的探索

在大数据背景下，高校精准资助模式的构建需要在充分利用大数据的前提下,坚持以资助育人为最终目的,坚持以人为本、差异发展的资助新理念,构建"大数据"背景下"按需助学"的精准资助模式,积极响应党中央和政府号召。

4.1 大数据背景下高校精准资助的工作思路

通过大数据技术平台,建立较为完整的学生信息数据库,通过数据分析和进一步挖掘,精准完成对贫困学生的评定工作。高校精准资助整体水平的提高取决于贫困生的精确认定。现有技术条件下,大数据是实现精准的最优途径,它能够尽可能避免贫困证明等材料的弊端,能够较为客观地进行贫困生评定。

通过大数据技术平台,对家庭经济困难学生的学习、生活情况、心理健康状况以及在校其他表现情况等进行动态分析和评价,满足家庭经济困难学生的实际需求,以大数据的动态分析为基础,实现对贫困生的家庭经济情况进行精准评估。

4.2 大数据背景下高校精准资助的运行机制

基于大数据分析的高校贫困生认定工作,内容主要包括信息和数据的使用,需要一系列信息保障制度作为支撑。信息保障制度主要包括贫困生个人信息安全制度、信息数据使用规范制度和绩效评估反馈制度。大数据背景下高校精准资助工作的开展涉及一系列大数据技术运用,必要的软硬件投资和人力资源投资势在必行,各方资源同时需要进行合理规划和调配。

在运用大数据技术条件下,高校贫困生的认定过程中需要资助工作人员加强对大数据的理解以及对大数据分析结果的正确解读,这就要求资助工作人员不仅要具有扎实的职业素养和业务素质,熟悉高校困难生认定工作的流程,还需要具有良好的沟通协调能力,依据大数据分析的结果采取相应的资助对策。

为保证大数据技术能够为高校精准资助提供充分的数据采集、分析和运用等方面的信息及技术支持，需要运用云计算等理论与技术来建设并完善学生资助的信息化平台。我校近期开发和投入使用的新的学工系统就是利用大数据开展学生工作的有益尝试。

4.3 大数据背景下高校精准资助的部门联动工作机制

大数据背景下，高校精准资助的数据搜集与分析工作需要各相关部门协同合作，形成工作合力。高校的学生工作系统、后勤服务保障系统和学校财务薪酬管理系统等，需要通力合作和密切配合。此外，对所获得的数据进行分析和处理也同样需要每个系统的协调与配合。家庭经济困难学生基本生活需求之外的发展需求的满足，必须得到相关部门数据的有力支撑和充分印证。其内容主要包括接受资助学生所学习的专业、个人学习计划和学习进度以及其他具体生活情况数据等，将这些数据作为贫困生评定和相关奖、助学金发放的具体数据。

大数据运用的本质就是通过数据和量化分析，对工作生活中的各项活动进行精确分析，并为提出合理化建议提供客观参考依据，为总结提炼工作规律，进一步有效指导工作提供全新的视角，开发利用大数据的目的也在于此。在推动高校"智慧校园"建设和发展的大背景下，高校大数据的开发和利用已具备良好的实践基础。在优化设计数据构建、合理整合数据资源、规范数据使用标准、数据适度开放共享的工作基础上，通过具体工作业务和大数据技术的有机结合，围绕高校人才培养的中心工作，合理开发使用大数据资源，进一步提升高校育人服务管理水平。大数据技术的发展给高校资助工作带来了新的工作思路与机遇，将大数据技术应用到高校资助工作中已成为大数据时代必然的发展趋势和要求。高校需积极利用大数据技术带来的机遇，创新工作思路，探究新路径，采用新方法，不断提升资助工作的实效性，以实现精准资助与长效育人的工作目标。

参考文献

[1] 王婷.论大数据在高校精准资助工作中的运用[J].学校党建与思想教育：下，2018（7）.

[2] 罗丽琳.大数据视域下高校精准资助模式构建研究[J].重庆大学学报（社会科学版），2018，24（2）.

浅谈高校资助育人工作

贺映勇

摘　要：高校学生资助工作关系到党和国家事业的长远发展，关系到社会稳定和教育公平，关系到万千家庭困难学生的全面发展和幸福未来，是一项利党、利国、利民的大事，也是一项极具基础性、复杂性和挑战性的工作。本文结合实际，着重介绍了当前高校学生资助育人工作的重要意义、实施方法与途径，并对当前资助育人工作中存在的一些不足进行了分析，给予相应政策建议。

关键词：资助育人；大学生；辅导员

1　高校学生资助育人工作的重要意义

高校学生资助育人工作是促进教育公平和社会公正，构建社会主义和谐社会的重要举措，是高等教育的重要内容，是高校德育工作的重要组成部分。资助工作的好坏直接影响和制约着高等教育的发展，关系到学校、社会的稳定和国家的发展与未来。对家庭经济困难的大学生进行资助，一直是党和政府十分关注的工作。为此，国家制定了一系列大学生资助育人政策。随着社会经济的发展，我国高校学生资助在探索和改革中逐步成熟，日益形成了一套较为完备的资助体系。同时，做好高校学生资助育人工作对我们国家、社会乃至高校学生思想引领、学生本人以及家庭都有着重要意义。

1.1 党和国家的使命

青年是国家的未来、民族的希望，也是我们党的未来和希望，大学生更是如此。消灭贫困、改善民生，逐步实现共同富裕，是社会主义的本质要求，是我们党的重要使命。不能让一个学生因为家庭困难而失学，努力让每个孩子都能享受公平而有质量的教育，既是党和国家对所有贫困家庭做出的庄严承诺，也是党和国家依法保障贫困学生平等享有受教育权利的重要举措。习近平总书记在2017年新年贺词中指出，"新年之际，我最牵挂的还是困难群众""部分群众在就业、子女教育、就医、住房等方面还面临一些困难，不断解决好这些问题是党和政府义不容辞的责任"。高校家庭经济困难学生的资助与教育培养关系到学生本人，也关系到每一个困难家庭，更关系到社会的和谐稳定。

1.2 教育公平的手段

教育部原部长陈宝生在《人民日报》上发表的题为《学生资助要在脱贫攻坚中发挥更大作用》的文章中指出，学生资助的最终目的是帮助家庭经济困难学生成长成才，使他们共同享有人生出彩的机会，共同享有梦想成真的机会，共同享有同祖国和时代一起成长和进步的机会。

自1999年起，随着高校的不断扩招，高等教育从精英化教育到大众化教育进行转变，越来越多的学生进入高校学习，高等教育基本上实现了大众化。但是，仍旧存在个别学生由于家庭经济状况困难而无法进入高校学习的情况；也有一部分学生即使进入了高校，但因为家庭困难，无法全身心地投入学习中，这就导致高校教育公平性难以实现。而教育公平是社会公平的起点，保障每一个学生接受教育的基本权利，是推进社会公平的最重要举措，而高校学生资助工作则是实现教育公平的重要手段。

1.3 改变命运的通道

高校学生资助工作可以帮助更多贫困地区的学生接受高等教育，打开改变命运的通道，阻止了贫困代际传递，使千千万万贫困家庭及寒门学子走出贫困，感受到党、国家、社会和学校给予的关爱与温暖。我们发现，受资助大学生的品德认知和社会主义制度认可度显著提高，受资助大学生的诚信品质和感恩社会的心理情感不断升华，受资助大学生自信、自强、自立的理念和自我管理能力稳步上升，受资助大学生团结、互助、友爱和勤俭节约的美德得以传承，受资助大学生的自主创业和社会实践能力不断加强。

2 高校学生资助育人工作的工作途径和方法

高校辅导员处于学生教育管理工作的第一线，对学生的家庭经济困难情况了解最为清楚，是开展资助育人工作最有力的组织者和执行者，应以维护广大家庭经济困难学生利益为工作出发点，本着公平、公开、公正的原则，精准、高效地完成资助育人工作。

2.1 资助育人政策要家喻户晓

资助工作涉及广大家庭经济困难学生的切身利益，是一项政策性很强的工作。辅导员作为学校资助工作的落实者，是学校与学生之间的桥梁纽带，不仅要准确了解国家的各类资助政策，更要熟悉本校的各项资助管理规定，通过日常谈心、深度辅导、主题班会、院系橱窗、家访、微信群等各类载体平台，把党和国家的各项惠民政策传达给每一个学生及其家庭。

2.2 资助育人体系要建立健全

高校学生资助育人体系要建立国家资助、学校奖助、社会捐助、学生自助"四位一体"的育人资助体系和"校、院、系、班"四个层级审核制度。从新生入学时的绿色通道、国家助学金和国家助学贷款等的认定审核，再到日常勤工助学的组织实施和各类困难经费申报、发放等，辅导员要坚持实事求是和客观公平相结合、定量评价和定性评价相结合、公开透明和保护隐私相结合、积极引导和自愿申请相结合的原则，坚持"个人、班级、院（系）、学校"层层评审原则，采取个别家访、深度访谈、大数据分析、班级评议等方式，评定中要做到统筹兼顾，充分考虑班导师、班团干部的意见，在其推荐排序的基础上，与院系领导及辅导员同事一起对申报人员逐一审核讨论，层层筛选把关，最后达到既重点倾斜急需照顾的学生，又兼顾班级和专业之间的相对均衡，从而提高家庭经济困难学生资助精准度，做到公平公正。

2.3 资助育人帮扶要不留死角

作为高校辅导员，既是上级和学校资助育人工作的执行落实者，又是院系资助育人工作的决策者和学生资助工作的代言人。一方面，辅导员要及时向学生宣讲上级和学校学院资助政策，将上级和学校关于"奖（奖学金）、贷（国家助学贷款）、助（国家助学金）、勤（勤工助学）、补（困难补助）、免（学费减免）、捐（社会捐助）"等资助制度、标准和申报程序，第一时间传达到学生个人，把党和政府的温暖与关怀普照到每个家庭经济困难学生的心田；另一方面，辅导员也要做好与班导师的配合，定期将学生的日常学习、工作、生活及心理等方面的情况反馈给班导师，积极地向班导师了解学生各方面情况，做到与班导师信息共享、互通有无，从而做到横坐标与纵坐标的有机统一，以便全面了解每一位学生，做到全员覆盖、不留死角、不漏一人。

3 高校学生资助育人工作中存在的问题

近年来，党中央、国务院、各级政府和各高校都高度重视家庭经济困难学生的就学问题，持续加大资助力度，通过各项资助政策的实施，广大家庭经济困难学生学风优良、积极进取，顺利圆满完成了学业。但随着经济体制改革的不断深入、高校招生规模的扩大和学生总量的快速增长，进入高校的贫困生也越来越多，庞大的贫困学生群体引起社会的广泛关注，在学生日常资助的教育实施、审核认定等环节中也出现了一些不容忽视的问题。

3.1 资助育人机构不健全、人员不固定

学生资助育人工作既是民生工程，又是德育平台，做好学生资助育人工作需要专门的部门、专业的队伍、专项的经费来保证。目前，各高校按照教育部的要求，大都成立了校级的学生资助中心，院系也配备资助辅导员，但资助中心大都是挂靠在学生部（处），各院系资助工作也是由辅导员或其他人员负责，大多没有设立独立资助部门和专职资助辅导员。在日常实际资助工作中存在着校级资助中心工作人员少、院系资助人员不固定与调整变化快等问题，从而导致资助工作人员业务水平不精通，工作存在不连续、不精准、不细化等问题。

3.2 诚信体系不完整，贫困状态难界定

我国目前还没有建立完善的家庭财产申报制度，加之不同地区经济发展水平不同，导致学生对家庭经济困难情况的理解也不一样，所界定的贫困标准也不相同，这就考量着学生的诚信度。各高校目前缺少完整的诚信教育环节设置，缺少对诚信学生的奖励措施和不诚信学生的处罚办法。学生申请国家助学金等困难补助，从原来由村、乡镇、区县三级民政部门提供贫困证明改为学生本人提供书面贫困承诺，填写《高等学校家庭经济困难学生认定申请表》作为家庭经济困难学生认定的主要依据，其真实性和可靠性难以保证，"虚报"和"漏报"现象时有发生。这样除低保、低收入、建档立卡户、残疾等硬性贫困外，对于其他贫困状况的界定就变得较为困难。

3.3 授"渔"方式较单一,全员育人氛围不浓厚

勤工助学是当前各高校对学生进行资助育人的重要组成部分,也是提高家庭经济困难学生综合素质和帮助学生解困的有效途径。虽然各高校尽可能地在拓展勤工助学岗位上加大力度,但各助学岗位工作性质大多属于简单的打扫卫生、收发文件、整理资料等重复性劳动,这与增长学生才干、全面提升学生综合素质而设立岗位的初衷还存在相当大的距离,加之每月申报劳动工时的上限、工时酬金偏低等因素,在很大程度上影响了学生参加勤工助学的热情和积极性,导致吸引力不强、参与度不高。另外,一些教职员工认为对家庭经济困难学生的教育管理只是学生工作部门的事,和自己没有关系,对学生重使用、轻教育,导致日常资助工作只是学生工作部门"一枝独秀",而没有达到教学、管理、后勤各部门全员育人的"满园春色"。

4 加强高校学生资助育人工作的几点建议

高校资助工作具有隐性教育功能,它在各方面潜移默化地影响着学生的思想品德、价值取向。同时,资助工作作为学生工作最重要的环节之一,也是思想政治教育工作的重要组成部分,本身就有教育功能。

4.1 树立"精准资助"工作理念

家庭经济困难学生的认定是资助育人工作质量和社会公平公正的直接体现。充分运用大数据思维和互联网等科技手段,通过数据统计分析,准确了解掌握困难学生家庭经济情况和学生的日常消费等情况,把育人的各方面资源进行有效整合,科学配置给最需要资助的人和事,变"大水漫灌"为"精准滴灌",做到"一人一策",从而实现有限的资源效益最大化。

4.2 完善资助育人机制

体系制度建设是高校资助育人工作高质量开展的重要保障。一方面，要建立完善的资助工作领导体制和运行机制，从全局的高度将资助育人工作摆在更加突出的位置，构建起"学校资助工作领导小组、校级资助管理中心、学院资助工作小组与专职人员、班级帮扶小组"等资助育人体系。强化各部门之间的团结协作，调动班导师、辅导员和任课教师等各方面的资源力量，形成全员、全方位、全过程的资助育人工作新格局。另一方面，要保证校、院负责资助工作人员的合理编制和队伍相对稳定，强化资助工作人员的责任意识和政治格局，日常要借助大数据和各类信息平台，建立健全家庭经济困难学生资助信息系统，在家庭经济困难学生的申请、认定、勤工助学的落实、困难生日常消费水平等环节，能够做到信息联网与共享。

4.3 提升学生竞争能力

充分利用现有资助平台，全面提升家庭经济困难学生竞争力。资助育人工作的最终目标是让学生顺利成长成才。打铁先得自身硬，家庭经济困难学生只有不断完善提升自身素质，才能更好、更快地成长成才。不断创新和拓展校内外勤工助学岗位和实践实训基地，变"输血"为"造血"，把勤工助学岗位和学生的专业背景、专业技能及实验室平台等有机结合，挖掘开发专业对口、就业结合的实习性助学岗位，真正做到理论与实践的有机结合，让广大勤工助学的学生在助学岗位上既达到了经济上的解困，又实现了专业能力上的提升。

在呼吁素质教育的今天，在日常管理中，辅导员要依托全国大学生英语、物理、数学等竞赛和丰富多彩的校园文化活动（如我校"四大节"：体育节、科技节、艺术节、文化节），鼓励学生广泛参与，为家庭经济困难学生发挥专长、展示自我、拓展素质搭建平台，开阔学生视野，拓展学生综合素质，全面提高学生的实践能力，增强自身竞争力，鼓励他们战胜困难和挫折，引导他们面对现实、接纳自己，努力促进其素质的全面均衡发展，为其融入社会奠定基础。

4.4 注重柔性教育管理

让每个孩子都能成为有用之才，是党的十八大关于"办好人民满意的教育，提高家庭经济困难学生资助水平"的重要部署。帮助家庭经济困难学生消除后顾之忧，让他们全力投入学习只是资助育人的第一步，最终的目的是通过资助育人，让广大贫困家庭学生成长成才。日常工作中，我们要以平缓、柔性的方式加强教育管理，遵循学生成长成才规律，通过学业规划、深度谈话、考研就业辅导等方式，对学生面临的实际问题分解细化，要做到与学生平等相处，用感情去感化他们，尤其在学生的生活、情感及其他方面，要全方位投入自己更多的"爱"，日常缩短和学生之间的距离与代沟，消除学生的迷惘和困惑，打开学生的情愫和心扉，真正走进学生的内心世界，实现良师和益友的双重身份。尊重学生的主体地位，注重培养学生的自尊心、自信心，使他们感觉到教师既能像父母一样无微不至地照顾他们，又能像朋友一样可以倾诉衷肠，让学生感受到家的温暖和情感的支持。

4.5 加强心理帮扶辅导

"双困生"这一名词的出现正说明我们现如今对家庭经济困难学生的资助育人还只停留在经济层面，而相对忽略了对家庭经济困难学生的心理辅导，最终导致家庭经济困难学生由于心理问题而引发的各种重大事件的频繁发生。一些家庭经济困难学生由于自身条件所限，往往具有既自尊又自卑、既独立又依赖的双重特点，他们对自身心理、情感等有着很强的掩饰性。贫困学生多数是敏感的，他们更容易走向极端，在资助育人工作中，我们要做到"解困"与"育人"，"扶困"与"扶志"，"扶困"与

"扶心"相结合,在对他们进行资助帮扶的同时,充分站在他们的角度用心去体会其内在感受,尽量避免触及他们敏感而脆弱的心灵,及时关注贫困学生心理上的变化,帮助他们树立正确的价值观,鼓励他们勇敢地面对困难、挫折,力争达到"润物细无声"的育人效果。

总之,解决学生的经济困难只是资助育人工作的基础。解决学生的精神贫困、心理贫困,促进学生全面发展、健康成长成才,才是资助育人工作的深层目的和最终诉求。在资助育人体系下,辅导员开展工作既要做好经济资助,更要加强教育引导,帮助广大家庭经济困难学生学会面对困难、面对挫折、面对挑战,让他们真正感受到来自党和国家的温暖,从而走出身心困境,谱写时代励志新篇章。

参考文献

[1] 凌娟,胡建军. 我国高校学生资助政策发展历程刍议[J]. 教育管理,2011(17).

[2] 吴桂山. 谈高校资助育人工作中的宣传效应对大学生的影响[J]. 学周刊,2014(16).

[3] 贺映勇. 北京学生资助工作探索与实践[M]. 北京:北京教育出版社,2012.

[4] 王芳. 北京学生资助工作探索与实践[M]. 北京:北京教育出版社,2012.

四、就业指导与社会实践

北京市属高校毕业生就业风险与对策建议

孙宗瑞

摘　要：北京经济社会发展为就业提供了坚实基础，高校毕业生实现了较为充分的就业。但是，在国内外环境变化的新形势下，疏解非首都功能和经济结构调整对就业带来了新挑战，北京市属高校毕业生就业存在结构性矛盾、观念错位、北京生源就业竞争力不足等风险。要建立高校毕业生就业预警机制，切实增强对市属高校的支持力度，推进专业结构与人才培养调整，强化就业服务，做好促进就业政策储备，实现充分而高质量的就业。

关键词：毕业生；就业；风险

就业是民生之本。作为就业工作的重点群体，高校毕业生就业关系到"稳就业"工作大局。同时，高校毕业生就业也是一个政治问题，青年就业问题解决不好，可能危及政权稳定。近年来，北京高校的就业情况总体较好，但也面临一些问题，长期来看存在一定的风险。

1 市属高校毕业生就业存在的风险分析

1.1 北京生源毕业生在就业市场上的竞争力不足

一是北京生源的学历结构不占优势。以2019届毕业生为例，北京高校毕业生共有23.1万人（北京生源6.35万人，占27.49%），其中专科生2.6万人、本科生12.0万人、硕士生7.0万人、博士生1.5万人，北京生源毕业生分别占66.94%、29.52%、13.51%、7.44%，学历层次越高，北京生源毕业生占比越低。二是北京生源的专业结构、学历结构与市场需求不匹配。部分市属用人单位岗位需求调查结果显示，市场对工学、医学、管理学、理学、教育学等专业的需求较大（其中工学占了一半以上），且这些专业的北京生源毕业生人数比较少，而文学、历史学等专业则供过于求。用人单位对研究生需求持续增长，对专科生需求持续下降。此外，根据北京人口出生数据，未来几年的高等教育适龄人口会有比较大的增长，北京生源毕业生的就业压力会进一步加大。

1.2 结构性矛盾增加了就业困难

一是传统结构性矛盾依然存在，主要表现为就业市场对理工科毕业生的需求比较充足，理工类毕业生就业比较好，而文史类专业毕业生的就业压力大。二是在新旧动能转换过程中产生了新的结构性矛盾。传统行业吸纳毕业生就业能力明显减弱，新经济新业态需求相对集中，但在广泛吸纳毕业生的能力方面有待进一步开发。技术进步导致短期内技术性失业风险增加，技能结构矛盾更突出。比如，互联网行业、游戏产业的企业需求最多的是大数据专业，然而与大数据相关的高校毕业生严重不足。

1.3 观念错位引发失业风险

一是供需双方的期望值不匹配，造成毕业生"就业难"与企业"招聘难"并存。毕业生求职时看重企业的福利待遇、就业环境、发展预期，希望企业能够提供稳定的工作岗位和较高的薪酬。企业在招聘时则看重毕业生的综合素质、专业能力和工作经验，不愿意付出培养培训的成本，希望招聘到完全符合岗位要求的毕业生。二是毕业生较高的求职期待与高质量就业岗位不足的矛盾造成了"慢就业"情况加剧。95后已经成为就业的主要群体，他们的思维活跃，价值取向多元，对就业岗位的期望值较高，就业紧迫性下降，在没有遇到自己满意的工作岗位之前宁可选择不就业，即使勉强先就业了，也会频繁跳槽，就业稳定性比较差。此外，在经济结构转型的大背景下，大学生对自我提升的诉求越来越强烈，为了提升就业的核心竞争力，"考研热"持续升温，往届生"二战"比例不断提高，客观造成了失业状态。根据中国教育在线发布的《2022年全国研究生招生调查报告》，2022年全国硕士研究生报名人数457万，比2021年增长80万，增幅为21%。从近年数据来看，2020年考研报名人数比2019年增加了51万人，2021年比2020年增加了36万人。自2016年起，我国硕士研究生报考人数在高位上保持高增长趋势。2015—2022年，7年平均增长15.8%。

1.4 非首都功能疏解与经济下行压力带来了新的挑战

一是北京非首都功能疏解造成需求变化。伴随着北京深入推进"四个中心"建设，有序疏解非首都功能，优化提升首都核心功能，对高校毕业生的需求人数总体下降，而且不同行业、不同类别企业对毕业生的需求人数、专业也在发生变化，更加多元、多变。二是北京经济增长下的压力给稳定就业带来了不确定性。经济增加与就业呈正向关系，经济好则企业用人需求旺，就业稳，经济不好则企业用人需求萎缩，失业风险增加。在中美竞争日趋激烈、不确定性积聚、北京经济结构调整日趋深入的内外部因素下，北京经济增速下行趋势还将维持一段时间，高校毕业生就业的总量压力亦将持续。

2 做好市属高校毕业生就业工作的对策建议

2.1 支持市属高校优先发展,积极做好促进就业的政策设计

一是切实加大对市属高校的支持力度。市属高校接纳了70%以上的北京生源,市属高校的人才培养质量总体上决定了北京生源毕业生的质量。北京市要从政策、环境、资金等各方面支持市属高校优先发展,组织市属高校围绕北京市需求办学,提高整体的办学层次、办学能力和人才培养水平,为北京经济社会发展提供人才保障和智力支撑。尤其是在博士、硕士层次的培养方面,要有更大的突破和提升。二是做好促进就业的政策设计与储备。坚持就业优先战略,在调整经济结构、大力发展高精尖产业的同时,把握制造业等实体产业疏解的力度和速度,通过改造提升等方式稳产业、稳就业。着力支持科技含量高的智力密集型产业,特别是要加快战略性新兴产业、现代服务业等产业的发展,开发更多适合高校毕业生的高质量就业岗位。结合政府购买基层公共管理和社会服务开发岗位,统筹实施基层服务项目,引导和鼓励高校毕业生到基层就业。对离校未就业毕业生进行技能培训,提高就业能力。加强和完善社会保障制度的托底功能,做好兜底保障。

2.2 引导市属高校深入调整专业结构,促进产教融合

一是引导高校围绕北京经济社会发展需要调整学科专业结构。要采取有力的举措,引导高校围绕北京"四个中心"建设和高精尖产业结构,切实调整学科专业设置。高校要能够"壮士断腕",根据北京市的需要来办学、办专业,对不符合需求的专业及时消减、关停,而不能会什么教什么、有什么教师办什么专业。二是促进产教融合,提高人才培养质量。产教融合是产业与教育的深度合作,是提高人才培养质量的必然选择。坚持产业需求导向与教育目标导向相统一,提高高校对产业转型升级的贡献率,推动高校与行业企业深度合作培养人才,着力提高学生的综合素质和

适应能力。政府要构建促进产教融合的政策体系，通过财政补贴、免税等方式调动企业接纳学生实习实践的积极性。

2.3 深入研究当前经济形势下的就业趋势，建立就业预警机制

一是深入研究经济发展的新变化对就业的影响。在中美贸易战将常态化的形势下，北京深入推进"四个中心"建设，坚定疏解非首都功能，发展高精尖产业，对人才的需求在数量和质量上都发生了深刻变化。此外，机器人、人工智能等新技术也给就业市场带来了新挑战。要深入研究这些变化的趋势及其对就业的影响，以采取针对性措施。二是建立统一的就业预警信息化平台。基于全市人才供给端数据和用人需求端数据，构建就业信息大数据平台，整合信息的收集、发布与分析功能，建立市属高校专业设置、学生就业与重点产业人才需求相衔接的预测预警机制，做好就业形势分析研判。

参考文献

[1] 张大良. 科教融合、产教融合、理实融合：提高人才培养质量的三个着力点 [N/OL]. 人民网，2019-12-16.

[2] 莫荣，陈云. 高质量发展阶段就业形势、挑战与展望 [J]. 中国劳动，2019（1）.

[3] 中国社会科学院. 2019年国内就业形势面临新挑战 [J]. 检察风云，2019（3）.

[4] 北京市教委. 2018年北京地区高校毕业生就业质量年度报告 [N/OL]. 华禹教育网，2019-1-17.

[5] 北京市教委. 2019年北京地区高校毕业生就业质量年度报告 [N/OL]. 中国教育网，2019-12-27.

[6] 中国教育在线. 2022年全国研究生招生调查报告 [EB/OL]. https://www.eol.cn/e_ky/zt/report/2022/index.html.

职业发展课程建设研究
——以北方工业大学为例

李京京

摘要：高校职业发展课程能够让在校生提早了解严峻的就业形势，提升自身综合素质，从而促使学生就业意愿前移且学风向好发展。为大学生提前了解就业资讯和职场规则，掌握求职技能技巧，提供了坚实的保障。学校在开展职业发展课程时要考量课程安排的连续性，任课教师的专业性，教学教材的时效性。要通过学校各部门间联动，兄弟院校间学习交流，完善创新教学方式方法。通过职业发展课程建设研究，将就业指导工作做实做细，让每一名学生提早规划人生应对未来挑战。

关键词：职业发展；高校就业；课程建设

职业发展课程对于大学生提早规划人生，打破认知壁垒，更新择业观念起着重要的作用。北方工业大学职业发展课程还处在探索阶段，课程建设结合学生特点、区域经济、就业政策还不够，课程效果的提升和改善还需各部门间联动、创新教学方式方法、院校间不断沟通交流。

2021年11月，教育部在2022届高校毕业生就业创业工作会上公布毕业生规模，预计将达到1076万人，同比增加167万人。北京市高校毕业生人数达到 26.8 万人，北方工业大学毕业生达到 4174 人。当前，我们处在百年未有之大变局，各行业在新的秩序下重建各自生态，一方面，国家宏观政策调控，互联网、教育培训行业迎来规范化发展，金融业监管力度加强，房地产行业"三条红线"给企业带来压力，产业结构调整对就业市场产生了一定影响；另一方面，大数据、人工智能、物联网等新兴产业加速发展，人才需求不断增加。

在快与变的时代，做好毕业生就业工作，对学校人才培养极为重要，既关系到学生的长远发展，也关系到学校声誉。职业发展课程作为就业催化剂，将有助于学风向好发展，在校生就业意愿前移，提前了解和掌握最新就业形势、就业技巧、就业资讯，早做准备和规划寻找目标以应对未来的就业市场。

1 大学不同阶段的内容

大学教育是有阶段性的，大部分本科生一般都是四年制。大一适应期是职业启蒙教育阶段，要明确大学四年的专业目标和职业发展方向，科学规划制订大学生活。大二分化期要进行职业探索，在自我和职业探索相结合的过程中初步进行职业定位，了解自己的职业性格、兴趣、能力和价值观。大三拼搏期需要职业体验，清晰找准职业定位，全面深入职业体验，进一步补充和优化专业知识和积累职业所需的核心技能，使学习更加有目标、有动力。大四冲刺期要进行就业指导，科学规划实习，强化和提升职业核心竞争能力，准备择业面试。

00 后学生对于教师的要求越来越高，需要通过精准定位指导来安排不同阶段的课程和教案，实时把握分析就业趋势。教学内容需要结合阶段性特点与时俱进，这样教与学才能达到理想的效果。

2 职业发展课程意义

疫情时代，大学生受多元化价值观融合冲击，社会上出现"躺平族""尼特族"等，再加之原本就有的"啃老""二战"等群体，导致慢就业、缓就业、不就业的现象更加严重。

倘若这股歪风形成气候，将给高校毕业生就业工作带来巨大的阻力，人才输出端压力持续加大。让学生正确认识自我、挖掘自身潜能、树立职业目标、完善职业规划、打破舒适圈，成为我们迫切要完成的任务。

通过仔细分析发现，00后大学生有着巨大的潜能，他们勇于尝鲜、创造力强、喜欢更加灵活多样的就业形式和空间。但是，如果没有正确的引导，没有合理的生涯规划，很多同学会走偏，会迷茫，会无所适从。职业发展课程的介入将会为各年级学生找准定位，精准服务，打通高校和职场的最后一公里。课程建设通过对各年级学生采取不同的引导内容、不同的施教策略、不同的实践方式，做到采取精准就业政策，实施精准就业指导。

3 职业发展课程现状分析及问题概述

3.1 课程建立时间短且时效性不强

我校职业发展课程教学内容和形式还在探索阶段，课程内容涉及当前社会发展的热点和难点较少，更新速度较慢，亮点挖掘不够，不能紧跟国内外就业发展趋势。

3.2 任课教师少且专业性不强

讲述职业发展课程的教师偏少，基本上都是就业辅导员兼任。辅导员虽然有着丰富的就业工作经验、翔实的工作案例，但缺乏授课感染力，激励、激发学生思考的效果不佳。很多辅导员常年从事行政和学生管理相关事务性工作,这使他们难以潜心挖掘相关政策内容。

3.3 教学教材还不完善

我校现阶段还没有自编的职业发展课程教材,还需要多方探讨打磨适用于我校学生特点的职业发展教材。由于承担课程的教师多有职务和琐碎工作,能坐在一起讨论的时间较少,要形成北方工业大学特色的职业发展教材还需要很长一段时间。

3.4 未做到全过程育人

职业发展课程属于大一必修课,一学期只有4节课。大一属于职业启蒙期,学生的专业知识还不扎实,从高中到大学的转变还没有完成,难以理解职业发展对于他们日后发展的重要性,还需要配合大学四年不断线的课程教育,不断刺激学生反复思考,不断纠正学生的职业观念。

4 完善职业发展课程的要素方法

4.1 高校各部门重视联动

职业发展课程是高校就业工作的一部分,就业工作并不单一,也不局限于某一时期。同样,职业发展课程也要从新生抓起,这就意味着全过程;从人才培养抓起,就意味着全方位;从人人有责抓起,就意味着全员。不断完善校领导挂帅,主管部门统筹,职能部门配合,学院负责人、辅导员、班导师、研究生导师、系主任、责任教授和专业课教师全员参与、全过程指导的职业发展课程建设机制。

4.2 学习交流,不断充实自己

俗话说得好,闭门造车只能落后挨打,要经常与兄弟院校在课程建设、编写内容、指导方式上多交流。一是多联系企业进行观察调研,联系人事部门沟通毕业生招聘事宜;二是与大型人才机构建立良好的合作关系,获取企业需求目标;三是多学习上级部门关于就业工作的文件精神,用于课程政策理论支撑及引导。

4.3 创新教学方式方法

职业发展课程不能光纸上谈兵，还要切合实际，深入一线对当代大学生做调查分析。

要把握好三个面向：一是要面向学生的兴趣、志趣，鼓励学生按自身特点选择职业和未来发展方向。二是要面向多元就业、多点发展，根据学生不同志趣和方向进行课程内容建设。三是课程建设要同国家和区域经济发展战略相结合，紧盯东部地区、京津冀、长三角、珠三角和西部地区。鼓励大学生融入国家发展大局，为人才培养特别是就业工作带来新的契机。

5 结论

职业发展课程是高校就业工作的一部分，促进了精准就业指导。课程建设能够使大学生早做规划，尽早认识和了解自己的潜能所在，为走向社会提供充足的正能量；帮助他们提早了解就业形势，分析利弊得失，清晰自我定位；激发学生对于自己、家庭、学校、社会的责任感，激励学生积极面对未来，应对市场挑战，做到"先就业，后择业"，在社会实践中建功立业、实现人生价值。

职业发展课程建设能够助力就业工作。对学生个人来说，顺利就业是成功人生的开端；对社会来说，学生顺利就业是拥有了合格的劳动者、建设者；对学校来说，学生的顺利就业是向国家上交了一份合格答卷。有了良好的就业，才能有优良的招生，才能进一步提升人才培养质量。只有学生真正就业，学校才算完成了人才培养工作。就业工作是人才培养工作的收官工作，就业工作做得不好、做得不到位，很难说人才培养工作达到了目标、取得了成功。

职业发展课程没有完成时，只有进行时。要持续发力，不断总结经验，不断完善工作机制，不断拓展就业渠道，不断深化全员、全过程、全方位就业指导，通过课程建设研究将就业工作做实做细，做到每一个毕业生身上，激发每一名毕业生的就业积极性，让尽可能多的学生尽早规划，积极就业。

高校大学生创新创业教育模式研究

侯 旭

摘要：目前我国在大学生创新创业教育的模式和理论教育等方面与世界上某些先进的发达国家相比，仍旧存在一定的差距。所以，各高校要开展大学生创新创业教育，增强大学生对创业的理解和认知，进而提高对自主创新和创业的兴趣，利用大学的优势和资源，为创业的大学生提供必要的指导和支持。通过对比研究清华大学、北京航空航天大学、上海交通大学的学生创新创业教育模式可以更加清楚地了解我国目前大学生创业教育的发展情况。

关键词：高校；创新创业教育；模式

目前我国高校大学生创新创业教育的发展仍旧处于逐步完善之中，在大学生创新创业教育的模式和理论教育等方面与世界上某些先进的发达国家相比，仍旧存在一定的差距。近年来，随着国家对文化建设和教育事业的关注程度不断增加，在高校大学生创新创业教育模式的发展研究也逐渐增多，通过开展大学生创新创业教育，将创新创业教育与大学生课堂教学和课外实践活动结合起来。通过高校的课程设置和教学模式等方式逐步提高大学生的综合素质和能力，增强大学生对创业的理解和认知，进而提高他们对自主创新和创业的兴趣。

1 目前国内高校大学生创新创业教育的发展状况概述

1.1 清华大学创新创业教育模式的开展情况

清华大学在大学生创新创业教育方面的起步比较早。一直以来，清华大学在创新创业教育方面进行探索，逐步形成了具有本校特色的创新创业教育模式（包括创新教育课程、创新教育体制、创新教育实践在内的较为系统的大学生创新创业教育模式），依靠加强创新创业教育师资力量，逐步推进创新创业教育改革；通过建立专门的创新创业教育指导小组来进行指导和管理，逐步健全本校大学生创新创业教育体系，将创新创业教育课程作为大学一部分，计入课程学分之内，将创新创业型人才的培养作为大学生人才培养的一个重要方向，与社会中优秀企业领导人和创业者合作，与国外大学和机构进行合作，完善创新创业教育模式，给学生提供更多的实践机会。加强师资团队的建设，聘请国内外优秀专家作为创新创业教育的专业指导教师，将课堂教育和实践活动结合起来，打造一个让学生能够亲身体验创业氛围的学习环境。

学校要根据学校情况和学生的实际需求，在合理的预算之内实现创新创业，达到教育成果最大化的目标；根据国家政策进行及时的调整和优化升级，相应地推出有利于大学生创新创业教育模式发展的相关政策。通过与社会渠道的协同合作，打造一个多层次的有利于推动大学生创新创业教育发展的新型教育模式。

1.2 北京航空航天大学创新创业教育模式的开展情况

北京航空航天大学在大学生创新创业教育方面也取得了一定的成绩，在创新创业教育的课程安排、师资队伍的建设以及实践活动的开展等方面都有较为完善的安排和布置。在创新创业教育的体系构建方面，由主管学生教学工作的学校领导负责，由教务处进行课程安排，并结合研究生院的课程进行交互性学习。创新创业教育模式的管理和行政工作也是由团委或者党委办公室进行安排。将经济类课程作为创新创业教育培养的必修课，其他基础性课程和有关创业指导方面的课程如创业导论、创业实训等作为选修课记入学生的学分中，不仅在课程设置上加强对课堂理论教学的重视，同时注意培养学生的实践能力，结合创新创业教育的特点来构建适合大学生参与的创业实践课程实训体系。同时，北京航空航天大学在师资团队方面加大投入，建立了专门的负责创新创业教育的管理学院，对从事创业教育方面的教职工人员开展定期技能培训；建立大学生创业培训基地，鼓励学生进行自主创业，学校与相关社会企业进行合作，为学生创业提供必要资助和扶持。这些政策的推行有利于激发学生创业的主动性。

1.3 上海交通大学创新创业教育模式的开展情况

上海交通大学创新创业教育模式的形成和发展具有较长的时间。在此基础上，上海交通大学根据近年来国家政策的变化也对本校的创新创业教育模式进行了一定的调整。首先，成立更加符合创业教育培养的创业教育学院，形成专业化培养方向，培养创新创业教育方面的高学历专业人才。其次，在课程设置方面，力求与国际接轨，跟上世界和时代的脚步，在设置基础性传统课程的前提下，将理论教育与创业实践相结合，不仅鼓励学生参加创业实践活动，还增设了创业设计方面的课程，根据创新创业角度的不同分设更加细致的具体课程，邀请相关专业领域的专家和有经验的创业人士来给学生上课，包括公开课、小班课、精品课、实践课等。为了提高学生在创新创业教育方面的积极性，上海交通大学举办了多次有关创业的比赛和活动，依托学校的资源优势支持学生加入创业活动，且已经建立起学生自主创业的相关企业。最后，在加强创新创业教育的政策方面，为了创新创业教育可以得到长足稳定的发展，学校开辟了四条经费来源，有力地保证了创新创业教育模式的资金来源和对学生的后续支持,在有关创新创业教育的专业资源和建设配备上也达到一定的水准。

2 未来高校大学生创新创业教育模式的展望

2.1 丰富创新创业教育理念朝多元化方向发展

目前,已有部分学校开始重视大学生创新创业教育,但是大多数学校在创新创业教育培养时仍旧沿用着传统的教育理念。创新创业教育是为了培养创新型人才。培养适应新时代发展的新型人才,要提高学生的自主思考能力和综合素质,这就需要从教育理念着手,从根本上转变对待教育的方式,在创新创业教育的过程中营造积极的师生关系和创业氛围,提倡教师解放思想,采用多元化的教学方式进行教学,逐步形成适合本校实际和学生实际的多样化教学方式和教学理念。在发展多元化创新教育理念的过程中,学校领导要加以支持和引导,教师和学生要积极参与教学活动,积极互动,加强沟通。

2.2 建立多层次、多阶段的创新创业教育体系

目前开设创新创业教育课程的学校,大都是根据本校的特点来进行课程的选择和设置,但是单纯地将课程进行细致化、具体化区分并不意味着是对整个创业教育体系的优化升级。要结合创新创业教育的特点,进行课程的细致化区分和归类,既要保证本专业学生的学习效果和学习质量,同时要考虑到一些非专业学生的学习和理解能力,使学生能够尽快地将自身的知识与创新创业教育的专业知识进行联系记忆,在较短的时间内形成符合学生认知层次的知识体系。所以,在该专业未来的发展中,在进行创新创业教育课程设置的过程中,需要制订详细的方案,在课程开始之前要经过专业人士的细致推敲和讨论,积极改革传统课程,在联系本校实际情况的基础上,逐步形成多层次、多阶段、多种类的创新创业教育课程,优化教师团队,形成更加专业化的教学氛围,逐步推进我国创新创业教育模式向着更好的方向发展。

参考文献:

[1] 许朗,贡意业,大学生创新创业教育模式探索——项目参与式创业教育 [J]. 学术论坛, 2011, 34 (09).

[2] 黄林楠,丁莉,构建大学生创新创业教育模式的探索 [J]. 高等工程教育研究, 2010, (06).

大学生"慢就业"现象分析

杨乾振

摘要：近年来，"慢就业"逐渐成为大学生群体就业中的一种普遍现象。对于这种现象，应当用辩证的方法去分析和应对，并通过科学的方法消除"慢就业"的负面因素和影响，优化大学生就业的局面。本文在总体分析大学生"慢就业"现象的基础上，对该现象产生的原因，以及相应的应对策略进行了探讨分析，以期为就业市场中大学生群体的持续就业提供相应的内容参考。

关键词：大学生；慢就业；应对策略

前 言

在高校扩招的大背景下，我国大学生毕业人数保持持续性增长。相关数据表明，2021届全国普通高校毕业生总规模达到了909万，同比增加35万。近年来，大学生就业领域除了表现出就业人员基数大的特点，还表现出明显的普及化、市场化、个性化和信息化的"四化"特点，并且更值得关注的是，随着00后成为大学生就业群体的主体，普遍出现了"慢就业"的现象。对大学生个体来说，"慢就业"固然会增加其在择业、就业方面的考虑时间，确保就业的质量，但过度的"慢就业"，会导致其在就业方面出现消极、懈怠，甚至恐惧、抵触的心理，不利于他们职业生涯的稳定发展。对国家来说，大学生"慢就业"延缓了大学生群体就业的时间，增加了大学生就业的周期性，使大学生就业政策的促进性和就业形势的稳定性可能面临一系列不确定性因素。基于此，要对大学生"慢就业"现象进行科学的分析和有效的应对，确保群体就业的稳定性、持续性。

1 大学生"慢就业"现象

大学生"慢就业"现象目前在大学生群体中普遍存在。"慢就业"一词可以追溯到2016年，当时的高校中普遍使用该词来形容找不到合适工作，或者找不到工作的情况。近年来，随着我国就业环境的持续优化，大学生就业的自由性得到了明显的提高，可供大学生选择的就业方向和就业单位的数量、种类也持续增加。在这样的情况下，大学生群体中的"慢就业"现象也更加普遍。

《中国青年报》社会调查中心在2018年7月发布的一项调查数据显示，有72.9%的被调查大学生反馈自己身边存在"慢就业"的同学。显然，"慢就业"现象逐渐成为大学生群体就业中的一种常态，而这种现象普遍存在，这对政府、高校和社会把握与应对大学生就业提出了新的挑战，需要相关主体主动采取相关措施应对这一新出现的现象，科学、合理地做好大学生就业工作。

2 大学生"慢就业"现象产生的原因

2.1 社会就业形势不稳定

就业是大学生从学校环境过渡到社会环境，从学生身份转变为社会人身份的过程。虽然近年来政府出台的一系列政策措施激发了大学生群体就业与创业的激情,但在复杂的就业环境中,大学生就业形势表现出了明显的不稳定性。一方面,可就业方向和单位的增多,增加了大学生择业过程中的甄选难度,部分学生因为无法准确判断就业兴趣与就业实际,而对就业产生恐慌心理,不愿意过早择业;另一方面,大学生创业机会的增加,以及创业成功率偏低的现实,容易导致大学生就业出现"过山车"的情况,一旦遭遇失败,大学生就业的自信心就会大幅度下降,就业的积极性和主动性就会受挫。

2.2 高校就业教育不系统

近年来高校陆续开设了面向大学生群体的就业教育课程,通过课程引导大学生关注就业形势、培养就业技能、增强就业实力。但是,通过对高校开设的就业类课程分析发现,就业教育方面存在较大的问题,不够系统。一方面,就业教育课程不完善。高校开设的多是一些选修类就业教育课程,讲授的内容也主要是一些就业的基本常识,缺乏专业类就业课程,导致就业教育课程的质量和层次偏低,难以培养大学生高水平的就业能力。另一方面,就业能力训练缺失。高校开展的就业教育主要是理论性知识讲解为主,教师一般是口头向学生讲解就业的知识与技巧等内容,缺乏实战型的训练指导,造成多数大学生在就业前没有接受过相应的技能培训指导,在就业方面缺乏相应的经验。显然,高校在就业教育方面的突出问题限制了大学生顺利就业的能力,同时降低了大学生对成功就业的信心,使大学生在就业时面临心理方面的挑战。

2.3 家庭就业指导不科学

大多数大学生成长于较好的家境环境下。长期以来,家长对其呵护有加,对生活、学习中出现的挫折、挑战缺乏辩证的分析和科学的引导,导致大学生在心理方面存在过于矫情、耐挫能力差的情况。在这种情况下,大学生一旦对就业产生畏惧心理,或者就业遭遇挫折,家长就会安慰其暂时先不要就业，可以再等等，还有其他机会，这种指导方式无疑增加了大学生"慢就业"的心理，导致大学生借此逃避就业。

2.4 个人就业观念不稳定

一般来说，大学生群体的就业往往会呈现出"L"形曲线的特点。即在未就业之前，对就业充满了期望，并且相信凭借自己的实力可以找到理想的工作。进入正式找工作的环节时，大学生会因为就业形势复杂、就业竞争压力大等情况，对就业产生恐惧、反感、厌恶之情，就业的自信心也逐渐下滑。显然，大学生个人的这种不稳定的就业观念，会导致其在就业心理和情绪等方面出现较大的波动，一旦就业不顺利，就会放弃就业或者延迟就业，出现"慢就业"的逃避现象。

3 高校应对大学生"慢就业"现象的策略

3.1 完善大学生就业课程体系

原因分析表明，大学生之所以出现"慢就业"的现象，主要在于其就业知识与就业能力、就业观念与就业形势不匹配，学生对就业的方向把握不精准，对顺利就业缺乏足够的底气和信心。针对这种情况，高校应当从完善就业课程体系方面入手，帮助大学生夯实就业的根基。结合当前大学生就业课程的结构情况，高校应当重点增加就业观念与就业技能类课程的类型和占比。在就业观念类课程中，高校应当加强学生"科学、稳妥、现实"的就业观念的培养，通过知识讲解、案例分析、心理引导等方式，促使大学生正确对待就业及就业过程中可能遇到的各类问题，端正大学生就业态度。在就业技能类课程中，高校应当充分利用合作单位的就业环境条件，为大学生提供真实性的就业场景，让大学生有机会感知真正的就业过程。同时，高校要设立大学生就业训练基地，为大学生提供就业过程中的不同场景的练习与技能训练，使大学生在亲身经历中掌握就业的要领和技巧，增强大学生就业的综合素质。

3.2 尊重学生的个性化诉求

大学生"慢就业"不完全是一种坏现象。例如，对那些想继续深造学习的大学生来说，"慢就业"实际上是一种合理的策略。因此，高校在应对大学生"慢就业"现象时，要避免"一刀切"的模式，在深入、全面调查学生就业的想法和意愿的基础上，对学生进行合理的划分，明确就业服务的主体，避免盲目指导造成的负面影响。同时，对于那些暂时无法确定具体意向的学生，高校要在充分了解学生的疑惑或者纠结点的基础上，给予其专业性方面的指导，使学生能够逐步走出"迷雾"，做出科学选择。

3.3 加强大学生就业方面指导

虽然"慢就业"是大学生就业过程中的普遍现象，具有共性，但对应到每个学生身上，这个共性现象产生的原因可能是个性化的。因此，高校要充分利用自身的就业指导专业性和系统性优势，为每个学生提供个性化的就业指导，使学生在遇到就业方面的问题时可以有相应的寻求帮助的路径，消除大学生"孤军奋战"的恐惧感。例如，高校可以建立以"就业答疑"为主题的大学生就业指导公众号或者网络专栏，让学生可以有机会通过网络反馈自己在就业方面面临的困难，并获得学校教师专业、全面的就业指导，提高就业的质量。

3.4 开展家校就业指导合作

大学生顺利就业是学校教育和家庭教育共同追求的目标。考虑到家庭就业观念和条件对大学生自身就业心理和行为的重要影响，高校要重视家长在大学生就业指导方面的影响力，通过深化家校合作来提高大学生就业的综合质量。一方面，加强与家长在大学生就业方面的沟通交流。辅导员等高校学生管理人员要在平时注意与家长保持密切的沟通交流，了解其掌握的关于大学生就业方面的相关信息，充实高校就业指导的信息，提高大学生就业指导的针对性和有效性。另一方面，深化对家长在大学生就业方面的引导。为统一家庭与学校在大学生就业方面的思想和行为，高校相关主体尤其是辅导员要加强与家长的信息沟通交流，使家长认同和支持学校的就业指导方向和方法，通过家庭与学校的合作来共同促进大学生的顺利就业。

结 语

综上所述，在大学生"慢就业"现象日益普遍的情况下，高校要以辩证的思想加以分析，以确保大学生就业的科学性、合理性和有效性。针对当前大学生"慢就业"产生原因的复杂性和多样性，高校要在完善大学生就业课程体系和尊重学生的个性化诉求的基础上，加强对大学生就业方面的指导，深化开展家校就业指导合作，确保大学生就业的有效性。

参考文献：

[1] 李英英，赵正艳，王浩鹏，等. 大学生"慢就业"现象分析及发展辅导策略——以北京工业大学信息学部为例 [J]. 就业与保障，2020（20）.

[2] 郑翔予. 大学生"慢就业"现象分析与解决对策 [J]. 今日财富，2020（15）.

[3] 郏余晨. 新形势下大学生"慢就业"现象分析与解决对策 [J]. 黑龙江科学，2020，11（01）.

[4] 许馨文. 基于就业创业视角分析大学生隐性就业现象 [J]. 农家参谋，2019（24）.

[5] 王嘉怡. 大学生"慢就业"现象成因分析 [J]. 人才资源开发，2019（23）.

[6] 张阳梅, 刘鑫, 卿倩文, 等. 北京高校大学生"慢就业"现象调查与分析 [J]. 劳动保障世界, 2018 (05).

数据思维视域下 00 后
工科大学生就业指导工作模式初探

赵梦彤

摘　要：就业是民生之本、发展之基。做好高校毕业生就业工作，既关乎千家万户的切身利益，又关乎经济发展和社会和谐稳定。近年来，大数据在各行各业的应用极大地推动了高校就业信息化建设。基于各大数据平台，毕业生、用人单位和高校之间高效便捷的信息交流充分发挥了就业数据资源的内涵价值。00 后大学生的思维更灵活多变、个性化更强，但存在主动求助意识较弱、自我管理能力较差、自我认知能力不足等问题，在高校进行就业指导工作时，基于数据思维能够更容易地把握工作规律及每名学生的个人及专业特点，助力 00 后毕业生实现更高质量、更充分的就业。

关键词：数据思维；00 后大学生；就业指导工作

1　数据思维及其在大学生就业指导工作中的应用意义

随着云计算、物联网、社交网络等新兴服务的兴起，人类社会的数据类型和数量以惊人的速度增长，数据时代已经到来。基于大数据的分析比过去传统的分析要强大、准确得多，基于日积月累的数据分析结果可以比以往任何时候都更精确地进行分析和管理，从而进行更有效的干预及引导。数据时代的到来不仅改变了人们的生活、工作和思维方式，也在很大程度上对高校就业指导工作产生了潜移默化的影响。在新的历史条件下，高校毕业生作为我国非常宝贵的人才资源，对其进行合理的开发、利用是实现科教兴国战略的重要举措之一。如果每一位毕业生都能找到适合自己的工作，从社会的角度来看，可以避免人才的浪费，实现人力资源的合理配置；从其个人角度看，则可以更好地实现自身价值，充分挖掘自身潜力，在所擅长的职业中大放异彩。

数据思维不仅仅是简单地去获取数据，更重要的是充分分析和利用海量的数据，挖掘出数据背后隐藏的价值，为指导学生如何择业提供必要的侧面参考。数据思维在高校就业指导工作中的应用，有利于优化专业培训和实习环节，把握社会市场的动态发展，为专业学生提供多种培训和实习机会，促进学科理论知识运用的综合素质发展，有利于借助大数据思维深化创新就业指导工作，引导专业学生在就业指导实践中塑造健全人格，成为新时代需要的高层次人才。此外，它还可以客观地体现专业人才在社会产业发展中的培养价值，同时促进高校各项人才培养目标的实现。

2 00后工科大学生择业、就业特点分析

如今，00后已经成为大学校园的主力军，第一批00后大学毕业生已经离开大学进入社会走向工作岗位。2000年后，我国互联网快速崛起，经济高速发展。而00后一代成长于中国互联网高速发展的时代，家庭环境普遍良好，从小受过良好的教育，对自己的职业规划有着独到的见解。在工作中发现，00后一代有着与80后、90后不同的眼界和理想，他们大多不再受限于过去"先付出"的职业价值观，更关注自身发展的空间维度；他们更重视职业对于自身未来生活方式、成就和独立的影响；他们重视看得见的回报，更容易忽略看不见的投资；他们更加注重自我发展。同时，新

兴科技的兴起和产业变革对当前的工程教育和当代工程人才培养提出了新的要求。但高校毕业生就业形势依然复杂严峻。调查显示，工科类00后大学生中超过半数的学生没有制订明确的规划方案，就业选择时存在一定的盲目性、随机性，不考虑行业发展情况或者企业发展平台等因素，片面追求国企、政府部门、事业单位等稳定岗位，对于薪资期待值过高等心理造成了学生求职、用人单位招聘"双难"的局面。

3 数据思维及其在新时代工科大学生就业指导工作中的应用

高校就业指导要树立大数据思维并以其为基础，科学应用数据挖掘等关键技术，构建高效、智能、实时动态的就业指导平台。就业平台的搭建，首先要以社会市场对人才的需求为导向，以培养工科学生的就业能力和素养为目的，囊括学生教务分析、生活数据统计、心理问卷结果分析等系统，并进一步细化子系统建设，如选课、成绩、教学评价、个人信息、日常消费数据、奖学金信息、学生参与活动情况等，在最大程度上基于数据对学生个体进行侧面的反映，同时加入往年校友或已就业毕业生合同、就业单位等信息，利用科学的分析算法将数据侧写相同的学生进行用人单位的精准推送，帮助辅导员对其进行个体化就业指导。不仅如此，高校还可在平台基础上，结合专业学生的人格特征和认知水平，以及各类专业网站和求职网站中的为学生提供个性、职业倾向、职业规划的专业测试，为学生了解和发展自我提供数据依据。最终高校通过分析不同的学生数据，以专题座谈和实践探索的形式，从就业理念和就业形势出发，开展系统的职业规划教育，在低年级时就使他们对当前的就业形势有新的认识，并进行必要的求职技巧和技能培训，在巩固专业理论的基础上提高自身就业竞争力。如图1所示。

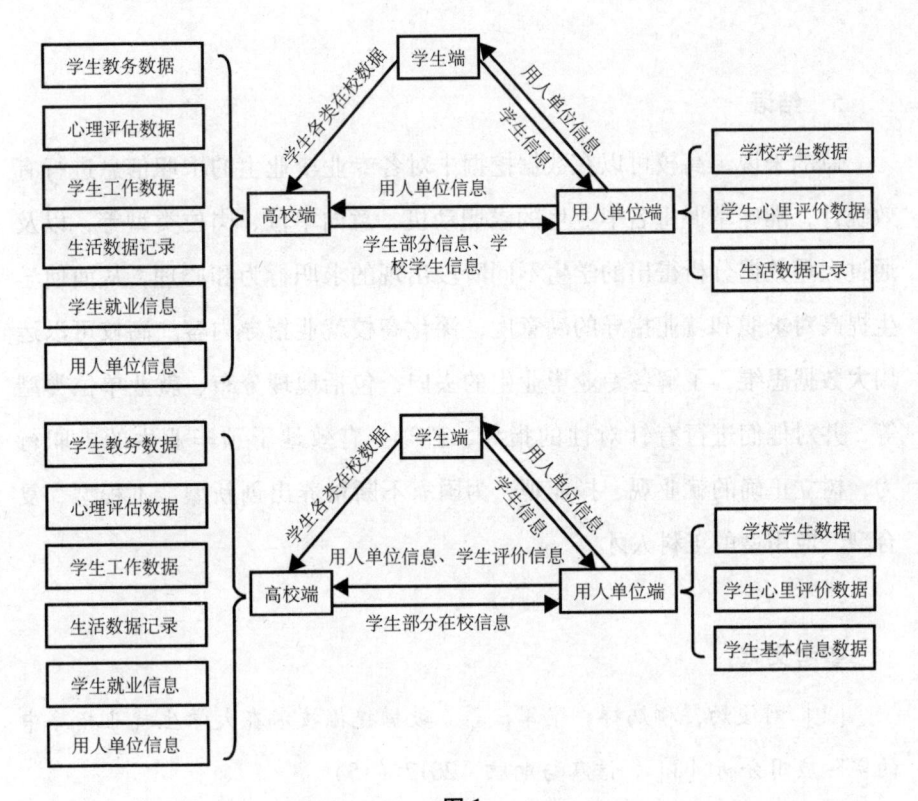

图 1

4 数据思维对高校就业指导工作提出的挑战

一方面，大数据正在改变人们的思维方式和行为方式，影响着社会的各个领域，使得各方面工作更加快捷、高效；但另一方面，海量的数据也对高校就业指导工作提出了新的挑战。数据时代为人们的各种需求提供了表达和发泄的渠道。与此同时，学生能够以更快的速度接收更多的、更加碎片化的信息，这信息中不免存在一些消极、负面的信息，大学毕业生缺乏社会经验以及分析、判断和辨别信息的能力，容易被虚假信息欺骗，或被不良信息误导，从而形成错误的价值观、就业观，这给高校就业观念引导教育带来了困难。

5 结语

总的来说,高校可以在数据挖掘中对各专业毕业生的求职信息进行有效统计,准确掌握每名毕业生的求职动机、意向单位、岗位类型等,以及通过大量数据分析得出的学生不同阶段出现的求职行为和心理,从而使学生提高对求职和就业指导的满意度,深化高校就业指导内容。高校可以运用大数据思维,了解各专业毕业生的去向,包括地理分布、就业单位类型等,并对他们进行有针对性的指导,科学、有效地干预毕业生的求职行为,树立正确的就业观、择业观,为国家不断培养出创新型、工程型、复合型、应用型的工科人才。

参考文献:

[1] 刘俊灼,柳炳祥,张军,等.数据挖掘技术在大学生就业指导中的实际应用分析[J].信息与电脑,2017(15).

[2] 王蕴韵.大数据背景下高校就业创业服务"私人定制"模式探索——以浙江旅游职业学院为例[J].广东石油化工学院学报,2017(4).

[3] 阳昆.基于大数据时代下的大学生就业指导思考[J].职业教育,2014(8).

工程专业毕业生"五位一体三级联动"精准就业服务体系探索

邓晶晶

摘要: "五位一体三级联动"的精准就业服务体系,即着眼于以精准就业服务为核心,学院班导师、学院学工办、校就业指导中心、校心理咨询中心、校资助中心为五位,共同发力,班级、年级、校级三管齐下,共同为毕业生服务,做好就业指导工作,提高就业质量。服务体系强调的是联动,多方出力,互相促进,形成一个系统的网状服务模式,点面结合,层层递进,覆盖到每个毕业生个体。

关键词: 五位一体三级联动;"三分"就业服务;精准帮扶

1 高校本科大学毕业生就业问题的重要性、紧迫性

众所周知,高校本科生的就业情况,一直广受社会各界的高度关注。习近平总书记在中国共产党第十九次全国代表大会上的报告《决胜全面建成小康社会 夺取新时代中国特色社会主义伟大胜利》中,有相当一段篇幅特意提到了大学生就业问题。在报告全文的第八部分的提高保障和改善民生水平,加强和创新社会治理中,他提出:就业是最大的民生。要坚持就业优先战略和积极就业政策,实现更高质量和更充分就业。大规模开展

职业技能培训,注重解决结构性就业矛盾,鼓励创业带动就业。提供全方位公共就业服务,促进高校毕业生等青年群体、农民工多渠道就业创业。可见,帮助本科毕业生顺利实现就业,是我党高度重视的工作内容之一,这是关系民生和社会稳定的大事。

在2016年3月的《教育部办公厅关于开展全国普通高校毕业生精准就业服务工作的通知》中也明确提出,为深入贯彻落实《国务院关于进一步做好新形势下就业创业工作的意见》精神,要建立健全精准推送就业服务机制,促进毕业生更加充分和更高质量就业。

因此,高校要积极响应上级部门的要求,高度重视高校毕业生青年群体的就业指导工作。我们要以精准就业指导为就业指导工作核心,以帮助每名毕业生顺利实现就业为工作目标,本科毕业生的顺利就业,是高校学生工作的重要工作内容之一,也是高校不可推卸的社会责任。

2 对于高校本科毕业生就业现状的分析

笔者系多年从事基层就业指导工作的一线毕业生辅导员,结合自身的工作内容,研究所服务的工作对象,对高校本科毕业生的就业现状有一定的分析。

毕业年级是学生面临人生重大选择的关键时期,就业的落实与否,是关系到学生未来发展的重要大事,在这个关键时期,如何保障就业的落实,是高校学生工作的重点。由于受社会客观现实环境的影响,就业不光靠学生个人的努力去实现,还需要整个学校从上到下的多方协调,共同发力,为学生提供更多的帮助和支持。基于学生个人意愿的不同,在开展就业指导时,需要强调精准就业服务。

3 "五位一体三级联动"精准就业服务体系保障就业的落实

"五位一体三级联动"的精准就业服务体系,是笔者结合日常就业指导工作进行思考后，在实践中逐渐摸索出的保障学生落实就业的高校就业服务体系，以北方工业大学土木工程学院的毕业生为研究群体，以土木工程学院2015-2018届毕业生为调研对象。

"五位一体三级联动"的精准就业服务体系，即着眼于以精准就业服务为核心，学院班导师、学院学工办、校就业指导中心、校心理咨询中心、校资助中心为五位，共同发力，班级、年级、校级三管齐下，共同为毕业生服务，做好就业指导工作，提高就业质量，其强调的协调和联动。

3.1 一线基层学院为中枢

以学院学生工作办公室为学院精准就业服务的主要责任部门，统领学院的就业指导工作，重点协调学院和学校各相关部门，学院的班导师、辅导员和专业教师之间的关系，重视并发挥校友、招聘企业等就业资源的作用，多管齐下在学院形成合力，确保精准就业服务覆盖到每个毕业生个体。

班导师系班级第一责任人，从大一到大四，跟班辅导学生，以班级着眼，要充分了解并掌握班上学生的情况，有的放矢地开展学业指导和就业推荐工作。在毕业阶段，强调全力配合学校、学院开展就业指导等相关工作，及时发现，并简单地疏导学生的异常情绪，比如，求职受挫的焦虑等，如有遇到难以疏导的特殊情况，则要及时告知学院、学校相关部门，由更专业的教师，如学校心理咨询师针对特殊学生的情况，进行辅导。

辅导员以"1对1"深度辅导为抓手，建立、完善每名毕业生台账，运用"三分"就业服务法精准帮扶，分阶段有侧重点地引导学生及时开展就业行动，并跟踪辅导，确保服务到位。维护同校友企业、招聘企业的联系，组织企业宣讲会、双选会，推荐学生，搭建并拓宽学院就业平台和资源。所谓"三分"就业服务法，是笔者在符合精准就业服务的理念上，结合学生个性化发展需要，根据实际工作总结出来的一套行之有效的工作方式，即指分方向、分阶段、分类别地针对学生个体开展个性化就业指导工作，以"一对一"的深度辅导为载体，帮助学生顺利实习就业。强调重视了解学生的个性，结合学生的意愿，帮助其发现自身的优势，并加以重点培养，以助于其在人生重要的就业方向选择中，做出最佳选择，实现最终的就业目标，其强调的就是就业服务的精准和有效。

校友企业和学院长期联系的招聘企业，是难得的就业资源，要重视对就业资源的维护，并争取开拓更多的就业渠道。而毕业生在本专业领域内实现就业，也是就业质量体现的重要指数之一。

专业教师主要负责结合工程专业开展实习指导工作，引导学生积极开展实习，以提前接触职场，了解工作内容，感知工作环境，帮助学生更好地理解自己的就业目标。

辅导员和专业教师的精准就业服务着眼于年级开展，重视专业特点，并要强调个体的差异。

以学院学生工作办公室为中枢，理顺班级、年级、校级三级联动的纽带，形成合力以精准帮扶到每名毕业生，让其感受到学校、学院的服务，三级联动助力其成才。

3.2 校级部门为指导

校就业指导中心负责构建校级就业指导服务平台，指导学院就业指导工作的开展，积极组织企业双选会，审核毕业生就业派遣材料，完成毕业生派遣工作，组织生涯发展课程，组织毕业典礼，并着力于培训提高学院就业辅导员的工作能力等，是学校整体就业指导工作的主要责任部门。

校心理咨询中心及时对心理异常、就业压力较大的毕业生开展心理疏导，校资助中心帮助家庭经济困难的毕业生申请求职类相关补贴，以更好地帮助学生。

校就业指导中心、校心理咨询中心、校资助中心，更多的是从学校层面，即"校级"出发，开展相关的服务工作。"五位一体三级联动"的精准就业服务体系强调的是联动，多方出力，互相促进，形成一个系统的网状服务模式，点面结合，层层递进，覆盖到每个毕业生。从学生个体着眼，让其获得来自班级、年级、校级的三级联动服务，层层发力，助其成功。

参考文献：

[1]《构建大学生精准就业服务体系思考》石云生；宗胜旺 载于《合作经济与科技》2017-01-16.

[2]《大数据时代高校精准就业服务工作研究》王美丽 载于《思想理论教育》2016-06-15.

[3]《构建"三级就业创业服务体系"精准推进高质量就业创业工作——菏泽市就业创业工作的探索与实践》王有杰 载于《山东人力资源和社会保障》2015-07-15.

[4]《精准就业背景下高职院校就业指导体系构建研究》戴广东 载于《南京工业职业技术学院学报》2016-12-15.

[5]《基于 web 的精准大学生就业服务系统设计与实现》李浩 载于《山东大学》2016-10-20.

[6]《独立学院毕业生精准就业途径分析——以湖北汽车工业学院科技学院为例》李秀刚 载于《中国大学生就业》2016-01-20.

[7]《新媒体是提高就业服务精准性的必由之路》刘刚；刘俊辉；缪祥礼 载于《教育教学论坛》2016-07-06.

加强高校教师在大学生社会实践中指导作用的思考

唐 钦

摘 要：大学生社会实践是学生认识社会、了解社会、增强社会责任感的重要途径。基于高校教师视角，本文通过明确指导教师在大学生社会实践中的职能作用和当前高校教师指导学生社会实践存在的主要问题，梳理给出着力从高校层面完善实践体制机制和从教师层面强化实践全程指导的工作建议，从而进一步提升教师指导的作用，保证实践活动成效，实现实践育人的目的。

关键词：大学生社会实践；指导教师；思想政治教育

习近平总书记指出："社会是个大课堂。青年要成长为国家栋梁之材，既要读万卷书，又要行万里路。社会实践、社会活动以及校内各类学生社团活动是学生的第二课堂，对拓展学生眼界和能力、充实学生社会体验和丰富学生生活十分有益。"大学生社会实践是学生认识社会、了解社会、增强社会责任感的重要途径，是高校教学体系中的重要环节，也是立德树人的重要途径，促进学生在实践活动中受教育、长才干、做贡献。

1 指导教师在大学生社会实践中的职能作用

指导教师是大学生社会实践团队的核心要素和关键点，从思想认识、专业知识、问题处理等各个方面给学生以指导。

1.1 思想认识的指导

当前的大学生以00后为主，他们从小备受父母家人的呵护和照顾，大多数都没有吃过苦头、受过挫折。指导教师需要根据团队成员的实际情况做好前期思想工作，让学生明白实践活动是一个需要顶着烈日、流淌汗水完成的"苦差事"，同时也是一个能将所学知识付诸实践、实现青春梦想的"好差事"，让学生能够更好地认识实践活动。

1.2 专业知识的指导

在实践活动中，指导教师主要发挥的是桥梁作用，帮助学生把专业所学与社会所需衔接起来。学生往往不知道如何进行选题，不知道怎样设计实践内容，不清楚每个实践环节的注意事项，也不清楚怎样才能将所学专业知识在实践活动中得到充分利用，而不是走马观花。学生需要在教师的系统化、个性化的指导下，充分发挥主观能动性，将所学的书本知识转化成社会所需，从而真正服务于社会。

1.3 问题处理的指导

大学生暑期社会实践活动事务繁杂、头绪繁多，具有系统性、思想性、流动性和多样性，不论是前期协调、中期沟通、后期总结，还是组队分工、经费使用、安全保障、宣传报道，任何一个环节都至关重要，都关系着整个项目的进度和成效。指导教师需要用心、用情协助学生做好活动策划，并给予他们发现问题、分析问题、处理问题的指导性意见，切实保障实践活动顺利开展，使得学生们通过实践活动磨炼意志，拉近与社会之间的距离，同时提高学生的沟通协调能力和语言表达能力，从而增强学生走向社会的自信心和经受磨炼的耐受力。

2 当前高校教师指导大学生社会实践存在的主要问题

在大学生社会实践过程中，社会环境、高校体系、教师本人、学生主体等多方面因素的影响，使教师的有效指导面临各种问题，影响到实践活动开展质量，影响到实践育人成效。

2.1 高校组织不精细

关于大学生的社会实践，部分高校存在校内顶层设计不科学、操作流程不规范、保障机制不健全等诸多问题。现有社会实践组织模式一般是学校团委先发布活动通知，明确主题和项目类别，然后各二级学院根据要求组建学生实践团队，学生自己联系指导教师，然后进行申报遴选，活动中及时跟踪实践进度，活动结束后对实践项目成果进行总结表彰。最终结果往往侧重于优秀团队、优秀成果的选拔推荐，只有认识到位、认真开展、善于总结的团队才有所收获，其他团队往往以一篇报告应付了事，容易流于形式。

2.2 教师投入不充分

学生社会实践大多安排在暑期，从指导选题到实践带队，指导教师都需要投入大量的精力，需要牺牲假期休息、学习、科研的时间。而且对大多数专任教师来说，科研和教学工作才是职称评聘的"硬指标"，由于源动力不足，指导教师对指导社会实践不够重视和关心，投入的时间精力自然也不够。

2.3 学生态度不端正

部分学生参加社会实践的目的不明或是动机不纯，有的仅仅为了获得社会实践学分，把社会实践当作一次假期作业，或当作一次跟小伙伴的"公费旅行"，还有一部分学生只是觉得好玩。学生社会实践的形式往往是实地调研、参观考察、政策宣传，真正去通过实践解决社会问题的较少，多数流于形式，没有深度。学生在社会实践中与团队成员之间关于实践内容的交流较少，实践也只是当作一个任务去完成。这些不端正的态度导致实践内容较虚，形式单一，实践质量大打折扣，违背了社会实践的初衷，达不到育人实效。

3 关于加强教师对大学生社会实践指导作用的建议

鉴于实践指导教师职能作用的发挥，受到高校和个人等多个层面的影响，笔者认为可以从完善高校实践育人体制机制和强化教师全程指导两个方面来进一步提升教师指导的作用，保证实践活动成效。

3.1 高校层面：完善实践体制机制

一是要以人才培养为宗旨，不断构建实践育人的管理体系。平台的搭建是基础，课程建设是核心，项目设计是关键，基地建设是保障，团队建设是主体。高校要坚持立德树人根本任务，不断构建一个"上下协调、左右联动、同步实施、齐抓共管"的有机工作体系。同时，应当建立健全社会实践推进机制、多元督导评价机制、经费保障和实践基地完善机制，这样才能破解形式主义问题，使大学生社会实践从临时性、阶段性逐步持久化、常态化。

二是要以激发动力为目标，不断建立指导教师的激励机制。持续深化实践育人理念，在师资力量配备和指导教师工作量计算等方面给予相应的政策支持，让更多的教师愿意参与大学生暑期社会实践的指导工作。通过聘请思政课教师、专业课教师、党政干部、辅导员、社会导师等人员担任大学生社会实践的指导教师，不断扩大和优化"导师库"，变师生之间的被动选择为主动匹配，充分发挥指导教师的主观能动性，避免"挂名"指导教师的出现。

三是要以提质增效为原则，不断完善实践成果的评价体系。构建科学合理的多维度评价体系，对社会实践的选题设计、过程材料收集、成果总结、媒体报道、汇报答辩、社会效应等方面进行综合评定，完善奖励机制，扩大影响力，带动更多的学生积极参与社会实践活动。评价指标需进一步细化和量化，既可涵盖社会实践报告、实践单位评价、实践心得体会等基础性材料，又可包括新闻报道和活动视频等成果性材料。

3.2 教师层面：强化实践全程指导

一是注重思想引领。习近平总书记在北京大学师生座谈会上的讲话中强调，教师思想政治状况具有很强的示范性，要坚持教育者先受教，让教师更好地担当起学生健康成长指导者和引路人的责任。指导教师要加强自身学习，准确把握思想政治教育和社会实践活动之间的内在联系，组织学生走进革命旧址、红色地标、展览馆、博物馆，以及能展现中国特色社会主义发展的巨大成就的生活实境中，感悟作为青年的国家意识和国家责任，自觉成长为堪当民族复兴大任的时代新人。

二是注重指导成效。指导教师既要在做整体方案规划时对项目的方向进行把关，又要对项目的实际进度进行把握，还要准备随时解决出现的问题及突发状况。指导教师从选题立项、组队申报、活动开展、宣传报道到总结交流全过程参与，提质增效，还要注重分类指导，确保学生开展实践活动达到对应类别实践活动的实践效果，如突出"思政+"类实践活动的深入性、"专业+"类实践活动的应用性和"公益+"类实践活动的服务性。

三是注重学以致用。实践指导教师引导学生将社会实践选题与思想政治教育、理论学习宣讲、专业实习、社会调研、志愿服务等结合起来，将指导社会实践活动与自身的科研项目、指导课程实践、指导"挑战杯""互联网+""志愿服务项目大赛"等竞赛项目结合起来。这既有利于激发学生参加社会实践活动的热情，提高活动内容的创新性和实践成果的质量，又能帮助学生将社会实践与专业知识真正结合起来，帮助科学研究成果实现有效转化。

4 结语

"大思政课"的背景下，社会实践能够帮助大学生了解社情、国情，增强社会责任感，有效加深青年学生的政治认同和制度自信。同时，通过社会实践的组织和管理，促进学生的社会化进程，使其毕业后能更快地适应社会。新形势下，大学生社会实践活动还面临着诸多新挑战，要解决当前面临的问题，除了在高校中建立健全工作机制、切实发挥指导教师作用，还需从社会和大学生等多方面入手。只有将所有力量紧紧地凝结在一起，共同协作，才能解决大学生社会实践活动中存在的问题，切实引导学生在实践当中自觉践行听党话、跟党走的青春诺言。

参考文献：

[1] 中共中央文献研究室. 习近平关于青少年和共青团工作论述摘编 [M]. 北京：中共中央文献出版社，2017.

[2] 许意蓝. "三全育人"视角下当代大学生社会实践问题分析 [J]. 大学（社会科学），2021（3）.

[3] 章鸣，刘大闯. "三全育人"视阈下大学生社会实践问题探析 [J]. 苏州科技大学学报（社会科学版），2020，37（4）.

[4] 王左丹. 大学生暑期社会实践长效机制构建探析 [J]. 思想教育研究，2014（3）.

[5] 张龙华，杨春艳. 大学生"三下乡"社会实践提质增效影响因素探析 [J]. 高校辅导员学刊，2021，10（5）.

五、学生教育与辅导员工作

基于"企业微信"的网络思政育人体系构建探析

——以北方工业大学为例

王 玮

摘 要：上网是青年大学生的重要行为方式，因而网络已经成为高校思想政治教育的前沿阵地。"企业微信"作为开放的办公社交平台，具有与微信一致的沟通体验、丰富的 OA 应用功能，可实现全校师生的互通互联，被许多高校竞相使用。学生在哪里，高校思想政治教育就要延伸到哪里，本文结合北方工业大学在"企业微信"构建网络思政育人体系的实践，探索新时期高校网络思想政治育人体系构建。

关键词：企业微信；网络思政；育人体系

习近平总书记在全国高校思想政治工作会议上指出，高校思想政治工作必须围绕学生、关照学生、服务学生，"要运用新媒体新技术使工作活起来，推动思想政治工作传统优势同信息技术高度融合，增强时代感和吸引力"。这样才能不断提高学生思想水平、政治觉悟、道德品质、文化素养，使学生成为德才兼备、全面发展的人才。"企业微信"的网络日常管理模块将原来需要当面解决的学生报到、签到、注册、申请，上交各种文字材料，核对相关信息等日常管理事务，通过网络平台实现线上管理，

"企业微信"成为高校师生学习、生活、工作的枢纽平台,因此通过"企业微信"构建完备的网络思政育人体系,成为因事而化、因时而进、因势而新的重要方式,成为高校深入推进"三全育人"的重要举措。

1 新时代网络思政育人体系的现状

1.1 网络思政育人实施者的复杂背景

网络环境的便利性对传统教育工作者提出了新的要求,教育者不掌握、不重视媒体资源在教育教学过程中的应用,将无法适应新时代的育人工作。首先,思政教育实施者习惯面对面地进行理论讲授和谈心,对通过电脑、手机网络介质开展的思想政治教育存在不信任或担忧效果的消极排斥心理,由此带来思政教育实施者信息化教育素养提升受限。其次,有些思政教育者习惯播放现成的视频开展网络媒介教育教学,疏于提高自身的知识储备和教育技能,对师生互动与沟通不够重视,严重影响了师生间的情感交流,降低了网络思想政治教育工作的预期目标。最后,可用于开展思政教育的网络平台众多,各平台的侧重和优劣不一,思政教育者开展教育工作的方式方法和内容会因平台不同而有差异,对教育者整合网络媒体资源的技术能力提出了较高的要求,能力欠缺导致出现网络舆情监管落实不力、反馈通道不顺畅等问题。

1.2 网络环境对大学生的影响

网络思想政治教育平台迎合了大学生作为"网络一代"的学习诉求,缓和了以往教育者和学生之间说教的对立关系,拉近了两者之间的交流距离,将学生放到了主动接受教育的主体地位,有利于实现思政教育入脑入心。网络思政教育的手段丰富多样,借助于个人谈心和问卷调查等,从问题探究中促进大学生学习、生活和工作,能提升网络思政教育工作的实效性。但多数大学生利用网络渠道获取新闻资讯,关注当前国际时事和热点问题，他们的价值观、人生观、世界观受外界信息的影响，很容易受好奇心的驱使而表现出不稳定性。

随着网络文化的发展，对于声、图、文、色、影视等资源的获取已经成为大学生网络体验的重要内容，网络海量信息给学生提供了增加知识量、拓宽视野、开阔眼界的无限可能，但在网络多元文化的狂轰滥炸下，大学生对自由、开放、民主等认知容易偏激，特别是围绕政治言论、热点问题展开的各种事实描述和讨论，给大学生价值观的形成带来很多负面影响。

与传统媒体相比网络思政平台发布的信息缺乏意识形态把关，部分信息内容缺乏理性、建设性、公正性、真实性，给大学生输入这些内容层次良莠不齐的信息，其人文情怀和价值导向都会出现问题，甚至走向偏激错误，无法达到理想的思政教育效果。

1.3　网络教育技术层面问题

抖音、微信等快捷实时聊天平台成了大学生沟通交流、探讨问题的主要方式，但高校对这些第三方网络平台无法进行网络安全技术防范，缺乏对大学生网络行为的有效监督与管理，而这些网络平台将大学生的课堂、宿舍、教室以及生活连为一体，一旦形成网络舆情，就很难引导和控制。同时，这些网络平台泛的聊天化和广告化，不利于集中资源开展网络思政教育。

2　"企业微信"平台网络思政育人体系构建的策略探析

2.1　"企业微信"的基本特征

"企业微信"作为移动化数字校园平台，实现了校园信息化服务随时、随地，成为构建网络思政育人体系的优选平台，发挥育人的前沿阵地作用。

(1)"企业微信"具有扁平化构架特点

科学的组织架构和有序高效的管理人员分配是构建网络育人体系的重要基础。"企业微信"已逐步形成了以学生工作人员为主要管理者,信息中心为平台维护者,全校师生参与的扁平化组织构架。相比于层级化管理模式,扁平化的沟通和交流模式更多地创造了一个开放平台,使所有成员都能成为平台的发言主体,为学生工作人员和学生之间提供了随时随地沟通和反映问题的全天候、无类别界限平台。

(2)"企业微信"具有舆情反馈通道作用

传统教育模式强调教师的权威性,采用"单向性灌输式"说教,很多情况下,学生的思想难以直接传达给对应教师。"企业微信"提供了一个全员平等参与的平台,参与者之间发起对话无须经过对方审批同意,学生有问题可以直接找到对应教师进行反映、沟通,在得不到反馈的时候也可以直接在平台求助,使原本"一对一"的解答方式转变为"一对多"的集思广益,突破了空间与时间的界限,在问题得到解决的同时,也可以通过平台进行舆论反馈和数据收集,为学校大政方针提供调研支持。

(3)"企业微信"具有沟通协同更便捷特点

"企业微信"实现了学校人人、时时互通互联。"企业微信"中教师员工以部门为单位架构通讯录,学生以班级为单位架构通讯录。统一的通信录架构形式,姓名加工号、部门或班级专业的检索途径,方便每一个成员都可以通过群聊工具,准确找到想沟通协同的对象,并获得与微信一致的沟通体验。学生可以通过学校通信录,实现在企业微信自由寻找自己的授课教师,以获得学业上的帮助;也可以找到自己的辅导员,以获得生活帮扶和心理上的辅导。"企业微信"更符合校园信息服务的快捷、准确、高效需求,使高校师生的沟通与协同更便捷。

(4)"企业微信"能培养激发参与者积极的情感表达和体验

高校"企业微信"被广泛用于学生工作、教学工作、后勤工作,成了校园媒体载体中最聚焦基层一线的平台。企业微信通过公众号推送等方式把关注点、宣传点集中在师生关心的话题上，通过议题设置、回应热点、强化服务、引导舆论，营造清朗、健康和文明的网络文化，想学生所想，急学生所急，引导学生，帮助学生解决实际问题；或通过平台进行一些活动和文化分享，在分享中进行意识形态引领教育，在潜移默化中引导学生树立正确三观，助力学生成长成才。"企业微信"的直播功能，设置了学生发言的子功能，可以帮助学生在第一时间和任课教师进行互动，提出疑问，求教问题，教学互动性加强，学习主动性大大提高，极大地提升了学习效果。平台信息服务的个性化充分、较大限度地切合了学生需求，注重学生用户体验，激发了学生的积极主动性，让学生在平台里的一言一语都有主人翁意识，培养激发了学生积极的情感表达和体验。

2.2 构建网络思政育人体系的着力点

如何利用一个媒体平台构建高校育人体系是一项复杂的工程。北方工业大学已经实现企业微信极具特色的校园应用，提升了校内管理的效率和水平。在此基础上，利用开放的"企业微信"办公平台，从两个着力点入手，探索实践构建网络思政育人体系。

（1）目标着力点：立德树人的新载体

开设"公告"专栏，结合学校特色的各类教育专题、主题教育系列活动等，推送、学习各级各类精神文件、通知、公告等。设立"NCUT励学"公众号，推进学工部、武装部、心理健康教育暨咨询中心、学生资助中心等进驻"企业微信"，讲述先进典型事迹，宣传榜样力量；微话青春力量，进行思想动员；介绍心理调适方法，发动学生关注自我心理健康。辅导员、班导师通过"企业微信"开主题班会，在线互动交流，营造思考、辩论、集思广益的学习氛围。同时，在突发公共事件时，第一时间发布学校的关怀政策，体现社会主义制度的优越性，推动社会主义核心价值观的宣传教育。"企业微信"工作台其他相关栏目功能的启动和完善，将吸引学校教学、行政、后勤相关部门和机构积极参与到网络思政创新实践中来，构建校园网络思政育人体系，落实立德树人根本任务。

(2) 内容着力点

"企业微信"完善、创新平台以下三项服务内容，发挥网络思政育人功效。

①一站式服务的新平台

推动学工系统、教务系统、研究生院、后勤等服务系统，以及学校相关职能部门的业务管理系统，与"企业微信"系统有效对接，整合不同网络平台资源，产生规模效应，增强"企业微信"服务师生的功效，提升平台的吸引力和凝聚力。同时，真正实现一站式服务。

建立完善学生从入学到毕业的相关业务及服务的数据分类及存储，完成学生在校期间全过程、多角度行为数据的积累。学校有关部门凭借相应查询权限，通过详尽数据开展学生精准资助、行为习惯方面的数据分析，为实现全过程育人，全方位育人，高效、精准服务学生成长成才提供有力支撑。

②教育教学的新课堂

在已有的较为完善的课程群建立基础上，建立网络科研项目小组、学科竞赛小组、专业兴趣小组等群组织，发挥专业教师、指导教师在专业学习、科研指导、素质拓展等方面的积极作用，使其成为教育教学课堂的延伸。利用"上课直播"平台进一步挖掘思想政治理论课、心理健康教育课、职业生涯规划课等教育资源，鼓励教师制作"微课"视频，并开设专业教师在线答疑，开设学习资料共享、下载等服务项目。

③校园文化建设的新阵地

推进团委、学生会、社团已有公众号与企业微信网络新媒体相融合，将已有公众号的关注流量和企业微信的随时、随地优势结合，扩大校园文化宣传的受众面，努力实现活动育人全覆盖。把传统活动、品牌活动搬进平台，开设校园十佳歌手、舞林大会、服装服饰设计大赛等活动公众号，通过线上、线下活动互动，提升活动质量、吸引力和知名度，形成精品，占领学生活动阵地，促进先进、和谐校园文化传播，丰富思想政治教育工作的实现形式，提高思想政治教育工作的亲和力和针对性，发挥校园文化潜移默化的育人作用。

参考文献

[1] 习近平. 在全国高校思想政治工作会议上强调把思想政治工作贯穿教育教学全过程　开创我国高等教育事业发展新局面 [N]. 人民日报, 2016-12-09.

[2] 刘一丹, 陈立, 曹永志, 等. 企业微信在高校疫情防控中的应用研究 [J]. 新型工业化, 2020 (9) .

大学生朋辈学业辅导研究与实践
——以北方工业大学"学霸讲堂"为例

李 伟 陈 卫 王 静

摘 要：大学生朋辈学业辅导是通过抓住大学生成长的规律和同龄人之间"互信、互助、互通"的特点，以相互学习、相伴成长为目的而开展的同学间的学业辅导。本文从大学生朋辈学业辅导的特点和优势出发，结合北方工业大学"学霸讲堂"实践案例，研究和探讨了高校通过开展朋辈学业辅导活动，提高人才培养质量的有效方法。本文研究依托"学霸讲堂"李伟学业辅导工作室工作，该工作室是2016年被北京市教育工委资助并挂牌的首批十佳辅导员工作室，由北方工业大学辅导员团队负责组织管理，从2013年起在北方工业大学开展朋辈学业辅导活动。

关键词：朋辈教育；学霸讲堂；学业辅导；辅导员工作室

《中共中央国务院关于进一步加强和改进大学生思想政治教育的意见》中指出，坚持教育与自我教育相结合，既要充分发挥学校教师、党团组织的教育引导作用，又要充分调动大学生的积极性和主动性，引导他们自我教育、自我管理、自我服务。朋辈教育指的是具有相似的背景、相近爱好的人在一起分享理想、信念或行动技能，用来实现教育目标的一种教育方法。朋辈教育作为当前大学生自我教育的一种主要形式，相比于传统学业辅导，在很多方面具有优势，不仅有益于调动学生参与学业辅导的积极性和主动性，有利于发挥"头雁"学生的领导作用，更有助于营造良好校园学风气氛，拉近师生距离。在高校中组织开展大学生朋辈学业辅导活动，不仅可以对常规课堂教学进行有效补充，还可以成为当前校园学风建设的重要抓手和推动力量。同时，开展朋辈学业辅导是坚持立德树人、提升大学生思想政治教育质量的有效途径，也是开展思想政治工作的主要抓手和推动力量。

北方工业大学"学霸讲堂"李伟学业辅导工作室，旨在通过组织校园内学业成绩突出学生走上讲台，为学业有需求学生开设朋辈间学习方法、学习心理、知识点串讲等学业辅导活动，得到师生认可。"学霸讲堂"学业辅导模式为朋辈学业辅导在高校中的开展做出了探索，积累了宝贵经验。

1　组织大学生朋辈学业辅导活动的可行性和必要性

1.1　组织大学生朋辈学业辅导的可行性

朋辈教育产生于20世纪的美国，朋辈指的是同伴、同辈、朋党等，他们之间年龄相似，大致关注相近的问题，具有相似的价值观、人生观，有共同的生活方式、理念。高校中同一宿舍、班级或专业的同学之间具有典型的朋辈特点，因此他们之间便于相互交流，乐于相互帮助，易于产生信任感。同时，同学之间还拥有相似的学业内容、作息时间和学习环境，导致了高校大学生会遇到相似的学习困扰和心理问题。基于这种相同的朋辈特点，高校大学生之间在主观和客观上都存在相互学习、相互借鉴、共同进步的动力和吸收优秀朋辈学业经验的渴望。

北方工业大学"学霸讲堂"朋辈学业辅导活动就是从高校同学之间的

朋辈特点出发，抓住同学们在学业上的实际需求，从而开展的朋辈学业辅导方式。在2013—2021年间，"学霸讲堂"已在北方工业大学开展朋辈学业辅导课堂400余期，累计受益人数4万余人次，成为北方工业大学学业辅导品牌，得到广大师生的认可。

由此可见，朋辈间的学业辅导不仅能够提高学生的学习积极性，满足学生的实际学业需求，还能促进助人者的个人发展，对学校的整体互助文化氛围产生积极作用，具有很强的可行性。

1.2 组织大学生朋辈学业辅导的必要性

随着中国高校教育改革的力度和深度不断加大，高校教育进入转型期，教学过程中面临诸多新的问题：传统的高校教育模式实际效果并不理想，随着教育对象的年轻化，教育者与受教育者之间存在较为严重的思想、生活代沟，这严重制约着我国高校教育事业的整体发展；此外，高校师资结构存在不平衡现象，不能够保证良好的教学质量。因此，要想达到良好的教育目的，高校必须创新教育体制和方式。朋辈教育的优势在这种问题的挑战下得到彰显，朋辈教育能够补充现有教师力量，并且由于朋辈之间年龄、心理状态相似，学生的话讲给学生听，知识更通俗，更加便于理解，有助于增强高校教育的实际效力，达到事半功倍的效果。北方工业大学"学霸讲堂"在开展朋辈学业辅导的同时，针对参与学生开展了一项关于"在校最大困惑"的调查（每年调查样本为500份，见表1、表2）。调查显示：近三年在校大学生曾遇到学业困惑同学的比例平均高达70%，其比例远大于人际交往困惑、心理困惑、恋爱困惑等其他方面困惑；近三年遇到学业困惑同学比例还在逐年上升；大学中的其他困惑同学以低年级同学为主，有约34%是学校中学业困惑引起的。

表1　北方工业大学近三年在校大学生遇到困惑情况调查

学年	学业问题	心理问题	情感问题	人际关系问题	就业问题
2018—2019学年	75%	21%	10%	31%	27%
2019—2020学年	68%	19%	8%	26%	21%
2020—2021学年	66%	18%	9%	28%	20%
三年平均	70%	19%	9%	28%	23%

表2　北方工业大学近三年在校生曾遇"学业压力"调查

学年	大一学生	大二学生	大三学生	大四学生
2018—2019学年	90%	84%	67%	54%
2019—2020学年	88%	81%	62%	52%
2020—2021学年	87%	79%	60%	49%
三年平均	88%	81%	63%	52%

深入研究调查结果并对部分调查者进行深度访谈后，可以看出，目前大学生尤其是低年级学生对大学生活的适应情况并不是很好，且学习方法和学习状况并不十分乐观。该项调研说明了当前具有学业问题的在校生普遍存在，值得引起高校教育工作者充分重视，这对高校教育工作者在高校中加强学业辅导工作提出了要求。另外，当前高校课堂教学大多以专业教师课上讲授和引导为主，而课下学业辅导工作的投入则十分有限，缺少对

课堂上的学业问题进行辅导的渠道，这就容易出现由于跟不上课堂教学节奏或不适应学习方法而出现"学业困难"的情况，使学生在校园生活中陷入被动或者困惑。笔者在大学生思想政治教育工作过程中经常会发现在校大学生的"学业问题"转化成了心理问题、延读问题、就业问题等更复杂情况，间接影响了大学生的健康成长。因此，从学生发展规律和实际需求出发，开展学业辅导工作并探索一条朋辈学业辅导的道路是十分必要的。

2 开展大学生朋辈学业辅导的重要意义

2.1 有效调动学生学习的积极性和主动性

北方工业大学"学霸讲堂"创新开展"1+N"的朋辈学业辅导新模式，让1名学霸在晚自习走上讲台，根据同学们的实际需要分享自己的学习方法，从而帮助课堂中其他有学业问题的学生。相比正常课堂教学，这种学业辅导形式从学生学业困难出发，抓住了学生的实际问题和学业需求，容易调动课堂的积极性和主动性。这种"学霸讲堂"模式的学业辅导的针对性更强、时效性更好，使学业出现问题的学生更好地融入课堂。

与此同时，走上"学霸讲堂"的学霸在获得自我锻炼机会的同时，得到了朋辈的认可，其课堂参与度得到了提高。据统计，大学四年中在"学霸讲堂"参与学业辅导的学霸共计100余名，在获得奖学金的学生中，这些学霸占了70%。由此可见，这种朋辈学业辅导在"头雁"的带领下，通过大家共同参与、一起讨论的方式，将大大提高参与学生的积极性和主动性。

2.2 易于产生"头雁效应"

在大学的校园里，所谓"头雁效应"，就是让学业优秀的学生从学生群体中凸显出来，发挥带动作用，如同头雁一样带领其他的同学共同进步、结伴成长。"头雁效应"中既能让"群雁"找到自己榜样，引导其争取成为"头雁";也可以让"头雁"在雁群中展示自己,更好地发挥自己的带头优势和朋辈榜样作用。从系统思考的角度出发,无论是"头雁"个体还是"群雁"个体都能够在这个系统中找到成长的动力和学习的目标,从而实现共同成长目的。大学生的朋辈学业辅导就是一种产生"头雁效应"的载体,该举措能够让校园中更多的学霸涌现出来,帮助带领其他在学业上存在需求的学生,从而达到校园学业辅导帮扶、带动同学间共同进步的效果。

从北方工业大学"学霸讲堂"工作室三年多的统计数据中,抽取100名"学霸讲堂"中的学霸小讲师和其中20名获得国家助学金的学霸小讲师的名单。结果发现:100名当中,非大一学生有高达67%是学生党员,有84%是班级干部,67%是团学骨干,97%曾经获得学校奖学金。另外,抽取的20名贫困生学霸小讲师中,有80%获得了励志奖学金。

这说明,"学霸讲堂"朋辈学业辅导模式在北方工业大学的教学实践过程中已经取得了初步成效。

2.3 有助于涵养校园学习风气

从本质上讲,朋辈学业辅导活动开展的过程就是大家共同参与学业交流的过程。在此过程中,学业辅导不仅能够带动参与同学的学习劲头,还能使学生个体对校园的其他未参与的同学产生影响和带动作用。因此,校园朋辈学业辅导可以产生更多的示范和带动作用,并在此过程中涵养了校园的学习气氛,而良好的学风气氛对于整个学业辅导又起到了促进作用。

"学霸讲堂"朋辈学业辅导不仅提高了学业问题学生的学习效率,还给予了这些同学积极向上的学习信心,带动他们逐渐摆脱学业压力并积极面对新的学业,成为学风建设的重要推动力量。

2.4 丰富校园学习资源

古语有"三人行必有我师",当前高校的学习更是多元化的,既应有任课教师对学生的课堂讲授，也不能缺少同学间的朋辈学习交流。与课堂上教师讲授学习资源相比，在朋辈学业辅导中，同学们可以通过找到某方面比自己优秀的"学霸"获取自己需要的学习资源。这种从朋辈中获取的学业资源，一方面可以帮助学生对知识点进行归纳总结，是对课上资源的补充和丰富，另一方面还能促进课上学习方式的更好开展。

3 大学生朋辈学业辅导长效机制建立的思考

大学生朋辈学业辅导是改善课题学习效果的新锦囊、新招数，而有效地开展此项学业辅导活动是改进课堂效果的新抓手、新契机。因此，建立和加强高校朋辈学业辅导发展的长效机制，让学生更好地受益，是十分重要的。建立和完善朋辈学业辅导的体制和机制，推动朋辈教育的创新发展，与坚持立德树人提升大学生思想政治教育质量，不断坚持和落实"围绕学生，关照学生，服务学生"思想是一脉相承的。一方面朋辈学业辅导是辅导员日常深入学生、了解学生的重要载体，另一方面朋辈学业辅导长效机制的建立也给学生工作增加了制度体制保证。基于"学霸讲堂"的朋辈学业辅导的开展经验和学业辅导工作室的工作开展，对于大学生朋辈学业辅导活动的进行，应该重视和思考如下问题。

3.1 大学生朋辈学业辅导活动必须清醒自身定位

相比于专业教师的课堂教学，在朋辈学业辅导中充当教师角色的学霸也是学生，其知识水平和辅导经验相比于专业教师仍然具有一定的局限性。因此，开展朋辈学业辅导活动的目的和定位应该是作为课堂教学的补充工具，结合课堂教学进行开展，切不可发展成为替代课堂教学的手段。因此，时刻准确把握学业辅导的功能定位，有利于高校学生工作者常规安排相关学业辅导。

3.2 大学生朋辈学业辅导应该加强必要专业保障

在"学霸讲堂"朋辈学业辅导的实践中发现，由于学霸在朋辈教育中充当了教师的角色,对朋辈进行讲授往往会影响其学习方法和学习态度。但由于学生朋辈引导者自身在知识储备、学习经验、教育方法上具有一定的局限性,直接将这种朋辈相互学习方法进行推广,必然存在很多不确定问题。因此,在开展朋辈学业辅导活动的过程中,一定不能忽略专业任课教师的指导和带领,只有这样才可以有效保障知识传递的方向性,避免学生朋辈引导者自身存在的经验问题,更大地发挥朋辈学业辅导的实践效果。

北方工业大学"学霸讲堂"在开展学业辅导的过程中,依托"李伟工作室"学业辅导平台,定期邀请专业课教师对朋辈学业辅导课程和讲堂学霸进行指导和辅导,并根据朋辈学业辅导的情况开展"学霸交流会",极大地提高了朋辈学业辅导的效率。

3.3 组织大学生朋辈学业辅导应稳固工作支点

朋辈学业辅导的主体是每一名参与大学生,所以朋辈学业辅导活动开展的效果,在很大程度上取决于同学们参与的关注度和活动自身的收获,因此高校学生工作者应该以"需求出发,服务入手"为自身开展此项活动的支点。在朋辈学业辅导中发现,同学们的参与热情与其参加朋辈辅导的自身收获具有紧密联系。因此,通过学生辅导员进行活动设计,从学生的实际需求出发,找到"头雁"学霸并建立学业辅导活动闭环,就可以达到很好的效果。

北方工业大学"学霸讲堂"就是通过抓住同学们学业需求的关键节点来抓住同学们的学业需求,并开展朋辈学业辅导活动的。比如,大一刚刚入学的"学习方法"学业朋辈辅导;期中期末考试考前的朋辈学业辅导;以及补考之前的关于"学习动力"学业朋辈辅导等,均取得了很不错的学生反馈。因此,只有以"需求出发,服务入手"为支点开展朋辈学业辅导活动,才可以达到显著的效果。

4　组织大学生朋辈学业辅导应不断创新体制机制和工作模式

当前，95后和00后已经成为当前大学生的主流，开展朋辈学业辅导也应抓住新一代大学生的时代特点，以网络等新媒体为载体开展朋辈教育。将朋辈学业辅导与新媒体相结合，不局限于面对面的朋辈学业辅导，不仅可以使朋辈学业辅导耳目一新，还可以更加方便快捷地开展学业辅导，使新一代大学生能够接受。

"学霸讲堂"在朋辈学业辅导的实践中十分重视新媒体资源的利用，在2016—2021年在学校学业辅导中心的支持下，建立了"NCUT励学"微信公众号，每个学期推出5门必修课的"每周一题"在线朋辈讲解，并在10周范围内创造了20000余次的阅读量。这些实践充分证明，利用新媒体开拓了朋辈学业辅导的新模式，达到了很好的效果。

参考文献

[1] 王云海，滕云，童德毅. 朋辈教育视角下的学业辅导工作探索[J]. 北京教育（德育），2014（12）.

[2] 刘慧，童德毅. 人本主义学习理论下如何构建大学生朋辈型学业指导[J]. 才智，2015（27）.

[3] 侯雪莹. 浅析朋辈学业辅导对于新生过渡时期的重要作用[J]. 中国培训，2016（08）.

[4] 何思彤. 研究生朋辈心理辅导的探索与实践—以吉林大学为例[J]. 吉林广播电视大学学报，2016（01）.

[5] 荆宝坤. 基于大一新生学业困难学生的成因和帮扶对策的实践与研究[J]. 佳木斯职业学院学报，2015（11）.

社会治理视域下高校共青团组织实践育人模式研究

张 丁 宋鑫鑫

摘 要：本文以社会治理为现实背景，在明确高校共青团组织开展实践育人的必要性的基础上，就当前高校共青团组织开展实践育人面临的困境，以及实践育人的具体策略进行了探讨研究，旨在为构建符合社会治理视域下高校共青团组织实践育人需求的模式提供相应的参考和借鉴。

关键词：社会治理；共青团组织；实践育人模式

前 言

党的十八大以来，社会治理逐渐成为党和国家高度关注的发展问题。虽然经过改革开放四十余年的发展，一些困扰社会发展的突出问题逐渐被解决，社会治理也逐渐向法治化治理方向发展，但是，近年来开展的以基层治理为中心的社会治理实践表明，我国在社会治理方面仍然面临诸多的问题和挑战，一些潜在的社会矛盾和问题在不断地挑战现有的社会治理能力。高校作为人才培养和输出的重要基地，其能否按照社会治理的需求培养尽可能多的高素质人才，直接影响到我国未来社会治理尤其是基层社会治理的能力和水平，进而影响到社会发展的持续性和稳定性。在高校的育人主体和机制中，共青团组织承担着重要的使命，且拥有良好的育人优势，应当通过实践育人模式来提高本校人才培养的能力，为社会治理工作开展提供大量高素质的人才支持。

1 社会治理视域下高校共青团组织开展实践育人的必要性

1.1 实现育人职能的需要

共青团组织是中国共产党领导和培养先进青年的群众性组织，是党的助手和后备军。高校共青团是在党组织的领导下，以立足国家和社会发展需要，培养政治素质足够强大、专业素质足够扎实、理想信念足够坚定的青年人才为使命和责任的组织。在平时的育人实践中，高校共青团虽然能够根据党组织的指导，结合青年学生学习与成长的实际情况，组织开展内容丰富、形式多样的活动，充实学生的经历，但这种活动对学生团员的社会实践意识和能力的培养效果并不理想，进而影响到了共青团组织育人职能的实现。因此，共青团组织有必要开展实践育人活动，通过实践性强的活动来引导和督促青年团员提高自己的实践意识和技能，以更好地适应未来社会治理的需要。

1.2 充实社会治理人才队伍的需要

伴随着我国社会治理重心向基层的逐步转移，以基层治理为中心的社会公共服务类人才的需求量会呈现出持续性的增加，这势必会增加高校在社会治理方面的人才培养要求。在这样的情况下，高校除了通过各种类型的课程来培养青年学生的社会治理专业知识和意识，还需要组织开展多种形式的社会治理实践活动，让学生在实践中掌握社会治理的基本知识和技能，并掌握运用理论知识和实践经验解决现实问题的能力。共青团组织作为高校育人的主体之一，应当重视实践育人工作，将以实践为主作为日常育人活动开展中的重要思想指导，以此来充实高校社会治理人才队伍培养的能力和效果，不断输出大批优秀的社会治理人才。

2 高校共青团组织开展实践育人面临的困境

2.1 团组织内部实践育人认知不统一

高校内部的共青团组织拥有明显的组织架构，即按照校、院系和班级三个层级分别设立相应的团组织，分别负责不同层级的团组织活动。虽然这种明晰的层级划分为团组织活动的整体管理和灵活开展奠定了组织基础，但也增加了团组织内部关于实践育人认知出现偏差的可能性。例如，受不同职能分工的影响，不同层级的团组织会站在不同的立场或者以不同的视角来看待实践育人，进而产生不同的理解，最终导致团组织内部对实践育人的认识出现不一致的情况。认知不统一的问题会投射到团组织内部成员关于实践育人的看法和态度上，进而影响到其在实践育人活动中的行为表现，使最终的育人结果偏离预期的效果。

2.2 团组织实践育人方案不完善

鉴于近年来国家和社会发展对高素质人才需求的持续增加，高校从不同方面明确了育人的方向和目标，并制订了学校层面的育人方案，对各教育教学主体应当承担的育人职责进行了细分和明确，也对高校团组织的协同育人职能进行了规定。但是，高校关于共青团组织如何开展育人尤其是实践育人缺乏针对性、详细性的实施方案，导致各级团组织尤其是院系团委和班级团委对实践育人工作的具体开展内容和方式缺乏清晰的把握和科学的落实，最终影响了共青团组织实践育人的效果。同时，这种因为育人方案不完善而造成的育人效果偏低的情况，在较大程度上削弱了相关人员进行实践育人的积极性和主动性，导致团组织持续进行实践育人缺乏足够的动力支持。

2.3 团组织实践育人活动评价缺失

目前，高校对团组织实践育人活动的定位不够清晰，对于如何开展和持续优化共青团组织的实践育人工作缺乏科学而准确的谋划，这就导致团组织实践育人活动的开展缺乏相应的保障。就活动开展而言，团组织往往将关注的重点放在活动的策划和开展环节，对活动在团员实践技能培养方面的作用发挥情况缺乏基本的跟踪调查和及时评价，导致团组织实践育人的效果难以精确地被掌握，进而限制了下一步实践育人活动开展的内容优化与效果提升。虽然部分团组织会在活动结束后撰写活动总结，对活动的得失进行梳理汇总，但这种分析往往只是经验性的总结，对活动中存在的问题以及相应的优化方式等内容缺乏深入性的分析论证，弱化了实践对育人活动开展的促进作用。

3　高校共青团组织开展实践育人的具体策略

3.1　深化团组织内部实践育人认知

形成清晰、统一的认知是高校共青团组织开展实践育人的前提和基础。对于共青团组织内部存在的认知不统一的问题，要重点通过常态化的沟通交流和集中学习加以逐步解决。首先，明确实践育人的目标和方向。方向和目标统一是行为一致的基础。不同层级的团组织或者统一层级的不同团组织只有保持对实践育人的正确认知，才能够在日常的育人活动中贯彻实践育人的要求。在实践育人活动开展中，校团委要充分履行自身的思想和行为统领职能，明确团组织应当承担的育人职能，并对各部门、各院系团委应当承担的育人职能进行详细的划分，解决院系级团组织内部的认知不统一问题。其次，强化实践育人重心下移。班级团委作为高校团组织的最小单元，也是团组织育人的主要着力点。校团委和院系团委要加强对班级团委实践育人行为的指导，通过经常性的思想指导来促进班级团委思想认知的提升和统一，促使其对实践育人产生正确、统一的认知。

3.2　完善团组织实践育人方案

共青团组织在高校发展中的地位和作用决定了其应当常态化地开展实

践育人活动，切实履行团组织育人的职能。考虑到实践育人工作的系统性、规范性和科学性要求，高校应当在总结以往经验的基础上，通过制订专门的实践育人方案来指导各级各类共青团组织开展实践性的育人活动，促进常态化实践育人职能的履行。首先，制订团组织实践育人方案。高校团委作为本校共青团组织的领导主体，应当承担起指导和督促院系团委和班级团委开展实践育人活动的职能。团委要在深入调查社会发展对各类人才需求的基础上，结合团组织的育人职能，制订整体性的实践育人方案，对团组织开展实践育人的指导思想、基本目标、基本要求、具体方法、保障性措施等内容进行详细的说明，为院校和班级团组织开展实践育人活动提供整体的方案指导。其次，细化团组织实践育人行动。院系和班级团组织是实践育人活动的实际策划者、组织者和实施者，其应当根据校团委发布的方案，以及各专业、班级共青团员的思想、知识和能力特点，开展以育人为主题的实践性活动，为青年团员通过参加实践活动收获适应未来社会发展的知识、技能提供现实性的条件支持。

3.3 强化团组织实践育人活动评价

评价既是对育人活动的结果进行的考核与点评，也是对育人活动开展的得失进行的反思总结，是持续优化团组织实践育人活动开展的重要推动力。考虑到目前在实践育人活动开展方面缺乏相应的评价环节，高校团组织应当进一步加强实践育人中的活动评价内容，真正构建实践育人闭环管理。一方面，团组织要做到一活动一评价。各级各类团组织在开展实践育人活动时，应当将活动过程和结果评价纳入活动方案之中，并明确承担活动评价的主体，使活动评价有专门的人员负责落实，避免后期忽视评价或者随意评价行为的出现。另一方面，团组织要注意开展多元评价。为详细、全面地了解团组织开展的实践育人活动的效果和存在的问题，团组织除了从活动开展的角度对相关策划、组织人员进行调查交流，还要重视参与活动的普通团员对育人活动开展情况的看法和建议，进而全方位地掌握活动开展的得失，为后续实践育人活动的优化提供信息支持。

结　语

随着社会的发展和改革的深化，高校共青团组织面临的育人要求不断提高和细化，以社会治理为出发点进行育人实践，逐渐成为高校共青团发展的重要使命和路径。在开展实践育人活动中，高校共青团组织要以实践育人活动开展中存在的问题为导向，不断深化团组织内部实践育人认知，完善团组织实践育人方案，强化团组织实践育人活动评价，确保实践育人活动的顺利开展。

参考文献

［1］王伟，寇嘉，刘博，等．新时代高校共青团双创育人实践研究［J］．成才，2021（03）．

［2］李娇楠．高校共青团"第二课堂成绩单"制度在实践育人中的运用与启示——以武汉大学为例［J］．学校党建与思想教育，2020（23）．

［3］陈昕．"大思政"格局下高校共青团组织育人模式的探索与实践［J］．山西青年职业学院学报，2017，30（02）．

［4］侯可，张学龙，陈明长．高校共青团"第二课堂成绩单"制度下的育人模式研究与实践［J］．环球市场信息导报，2017（05）．

［5］王丽娟，吴雪．高校共青团实践育人功能的探索研究［J］．传承，2014（11）．

发展型学业辅导体系的探索与实践

宋鑫鑫

摘　要：发展型学业辅导是相对传统的学业辅导而言的，传统的学业辅导，概念相对狭隘，往往是一种简单的应对，主要目的是帮助学生通过考试。传统学业仍然停留在对学生进行教育管理的层面，倾向于对学业问题学生的强制性管理，没有充分发挥学生的主体作用，也没有充分调动学生的主观能动性，尤其是更多地着眼于学生学业发展，而没有体现出德、智、体、美、劳全面发展的新时代人才培养要求。

关键词：发展型；个性化；帮扶体系

发展型辅导的理念源于20世纪50年代美国发展心理学家爱利克·埃里克森（Erik H Erikson）提出的毕生发展观，以"努力排除正常发展障碍""帮助学生实现最佳发展"为宗旨，在心理辅导领域得到广泛应用。发展型学业辅导体系起源于欧美，目前已逐渐引起国内高校的关注。

发展型学业辅导是一种全新的学生工作理念，是在遵循人的成长规律和教育目标的基础上，面向全体学生实施的学生内在行为潜能的开发，帮助学生实现学业目标的辅导活动。发展型学业辅导提高了学生的自学、独立思考和解决问题能力，日益成为国内外高校学生事务管理的重要内容。

1 发展型学业辅导是学生个性化发展的需要

传统的学业辅导，概念相对狭隘，往往是一种简单的应对，主要目的是帮助学生通过考试，它仍然停留在对学生进行教育管理的层面，倾向于对学业问题学生的强制性管理，没有充分发挥学生的主体作用，也没有充分调动学生的主观能动性。现在，随着学生国际交流的日益频繁、就业竞争压力的增大，尤其是随着思维活跃、知识储备丰富的00后走入大学，部分大学生已经不再满足考前辅导等传统的应考型学业辅导，越来越多的学生着眼于未来职业发展，他们的需求更加精细化、个性化。

在遵循学生成长规律和教育目标的基础上，针对学生不同年级、不同阶段、不同的发展诉求，充分发挥学生的自主性，面向全体学生从学业、创新创业、专业竞赛、心理健康、领导力培养、社会实践等方面入手，有针对性地采取不同的辅导措施，满足学生的个性化需要。

为满足学生的全面发展需要，建立相互交流学习的平台，北方工业大学建筑与艺术学院设立学业辅导工作室"浩学加油站"，以专题的形式进行学业辅导，内容包括专业竞赛、英语辅导、就业规划、作业指导、出国交流等，基本上能够覆盖学生不同需求。

2 以学生为中心完善学业辅导组织和考核体系

学院领导统筹规划，重视学业辅导工作，成立了由副院长、副书记为负责人的学业辅导工作领导小组，制订《建筑与艺术学院"浩学加油站"学业辅导工作室实施方案》，设立学院学业辅导工作室，指定辅导员负责日常运营。

2.1 灵活的运营机制

"浩学加油站"采用定期与不定期结合的方式进行学业辅导。每学期第二周开始定期辅导，每周二晚举办一期，辅导内容包括教学周涉及的教学内容、报名朋辈导师所擅长领域等，结合学生辅导需求、期末考前辅导等情况，各班的朋辈导师进行不定期辅导。

2.2 广泛的朋辈导师队伍

通过走访学生发现，41.35%的学生在遇到学业问题时寻求朋辈辅导，"浩学加油站"开展广泛的朋辈导师选拔，让有需求的学生有更广泛的帮助。专题朋辈队伍成员由学院优秀学生组成，活动形式包括不限于专业学业实践、英语四级辅导、重大竞赛指导及创新创业教育等，学院定期对辅导成果进行调查和监督，提高朋辈辅导的效果和质量。

朋辈导师选拔不仅限于绩点高的学生，只要热心帮助同学，在专业竞赛、英语学习、出国交流等方面有特长的同学都可以参加。这样一来，一方面可以广泛吸纳优秀学生确保朋辈导师的队伍稳定，另一方面可以在相互学习中促进各方面的成长。

2.3 以学生为中心的考核

朋辈导师的考核以学生满意度为主要依据，参加辅导的学生在辅导结束后通过扫描二维码实时对朋辈导师的辅导进行评价，学院根据参加辅导学生对朋辈导师的评价结果，确定考核等级，并及时调整辅导方向。

3 搭建两个帮扶体系，全面覆盖学生不同需求

3.1 学业困难帮扶体系

一方面完善困难生档案。以班级为单位建立学业困难学生档案，针对学业困难学生学习成绩和学科特点采取个性化的帮扶措施，特别是针对接受学业警告、挂科情况严重的学生，建立家校联合学业会商制度，由副院长、副书记、班导师、辅导员、家长共同商讨学业帮扶措施，通过"浩学加油站"平台加强对学业困难学生的帮扶力度。另一方面丰富学业帮扶内

容与形式。通过一对一咨询、多对一会诊、一对多辅导、多对多座谈等形式，以学习动力提升、学习习惯优化、学习方法辅导、学习经验交流、学习问题答疑等为主题，帮助学业存在困难的学生找准问题，提高学习成绩，顺利完成学业。

3.2 素质能力提升体系

一方面，举办校友和优秀学长的专题讲座，举办科研学术交流会，充分调动与激发学生学习和发展的潜能，培养学生的开拓精神和创新能力；另一方面，关注专业竞赛、考研复习、创新创业、出国留学等几类重点群体，通过举办辅导报告、经验交流、素质拓展、学生成长沙龙等活动，提升其学习创新、沟通交流、团队合作、应对压力、解决问题和自我管理能力等，增强学生继续深造、学科竞赛和就业创业的竞争力，为学生的职业发展提供更广阔的平台。

4 组建两支队伍，分类满足学生个性化学业需求

4.1 专题朋辈导师队伍

专题朋辈导师队伍每周在固定时间根据学生的不同需求和不同阶段的学习任务，通过讲座、交流等形式进行辅导。

专题朋辈队伍成员由学院优秀学生组成，活动形式包括但不限于专业学业实践、英语四级辅导、重大竞赛指导及创新创业教育等，学院定期对辅导成果进行调查和监督，提高朋辈辅导的效果和质量。通过"浩学加油站"平台，建强学生头雁队伍，开发朋辈教育资源，创造有利于实施朋辈辅导的环境和氛围，制定朋辈辅导细则，构建切实有效的大学生朋辈辅导体系，有计划地开展工作。

4.2 年级朋辈导师队伍

"浩学加油站"自 2016 年正式成立以来，主要以专题辅导的形式，每

周固定时间开展辅导活动,有助于提升学生的专业知识,让学生开阔眼界,同时为相互学习提供了交流的平台。

根据学生反馈,固定时间的专题辅导形式进一步调整,主要有以下几个原因:(1)专题辅导的朋辈导师只是某一个方面进行辅导,辅导的深度和广度还不能满足部分学生的实际需求。(2)专题朋辈导师平时与有需求的同学接触和交流不多,只是临时就某一专题进行交流,不能了解学生的实际需求和自身的学习接受程度。

针对以上两个问题,"浩学加油站"在调研的基础上,为每个班配备了一名相同专业的班级朋辈导师,主要以大三、大四的优秀学生为主。从迎新开始,班级朋辈导师开始融入所负责班级,并根据各班所学课程,随时组织辅导和交流。

5 搭建三个平台,助力学生成长和发展

5.1 党员帮扶平台

结合学院实际情况,以支部为单位,鼓励入党积极分子在培养考察期内主动进行学业辅导。以"浩学加油站"学业辅导工作室为依托,加强学业帮扶载体建设,鼓励预备党员在预备期内参加不少于20小时的学业帮扶。

5.2 网络交流平台

以"浩学加油站"为依托,积极搭建网络交流平台,拓宽交流和学习的方式。通过学院公众号开设"浩学库"专栏,投放经典设计案例、名家作品赏析等学习资源,拓展学习平台。定期发布线上学习材料,同时录制朋辈导师辅导视频供有需要的学生学习。

5.3 家庭经济困难学生扶志平台

目前学院有将近一半的家庭经济困难学生担任各班班委和班级小辅导员,近两年贫困生获奖学金的比例比非贫困生高出近40%。针对家庭经济困难学生开展学业辅导,一方面可以积极发挥品学兼优贫困生的学风引领作用;另一方面,与其他学生相比,家庭经济困难学生在就业上不具竞争力,虽然在校期间受关注较多,但是家庭经济困难学生要与其他同学在同一平台竞争,最终走上工作岗位。对家庭经济困难学生开展发展型学业辅导,可以提高家庭经济困难学生的职业竞争力,激发其主动性和创造性。

学院坚持以学生为中心、以学生学业需求为导向,坚持全面覆盖、分类指导的原则,把开展朋辈学业辅导与引领学生思想成长相结合,有效促进了学风的改善,进一步畅通了学生和教师的沟通渠道。朋辈导师也对身边同学起到了良好的模范带头作用,促进了学生的学习自觉,增强了学生的自信和学习动力。

参考文献:

[1] 韩小愚. 高校大学生发展性学业辅导路径探析——基于辅导员工作模式 [J]. 新西部, 2017 (3).

[2] 沈自友, 高春娣, 王秀彦. 发展性学业辅导促进大学生优良学风建设的策略探究 [J]. 长春工业大学学报 (高教研究版), 2014 (1).

[3] 谢辉. 构建学业辅导体系促进学生学业发展 [J]. 北京教育·德育, 2013 (3).

[4] 王秀彦. 发展性学业辅导:高校学生工作新视点 [J]. 中国高等教育, 2011 (15).

[5] 刘中胜, 蒋礼文. 发展性学生工作理念的探索与实践 [J]. 教育与职业, 2010 (32).

[6] 王保义. 发展性辅导视角下的高校辅导员专业化建设 [J]. 思想政治教育研究, 2009, 25 (1).

[7] 刘宣文. 学校发展性辅导 [M]. 北京:人民教育出版社, 2004.

慕课在大学生职业生涯规划教育中的应用研究

李 旭

摘　要：随着慕课在高等教育中广泛而深入的应用，将慕课融入大学生职业生涯规划教育中，借助互联网教育优势充实大学生职业生涯规划教育价值，已然成为职业生涯规划教育中的当务之急。本文首先介绍了慕课在大学生职业生涯规划教育中的具体应用方法，然后对慕课应用的实际结果进行现状性的调查分析，并结合调查情况提出创新慕课在大学生职业生涯规划教育中应用的具体策略，以促进慕课在职业生涯规划教育中的科学运用。

关键词：慕课；大学生；职业生涯规划；云课程平台

前　言

"慕课+大学生职业生涯规划"是借助慕课方式开展大学生职业生涯规划教育，通过深入挖掘和充分利用互联网教育资源来充实大学生职业生涯规划教育活动的开展，实现学生自由学习和自主个性的交流。相较于以往的大学生职业生涯规划教育，基于慕课的职业生涯规划教育模式更多注重的是学生个性化的职业生涯发展兴趣和需求，即通过慕课为不同心理、不同兴趣的学生提供差异化的职业生涯规划学习内容和方式，学生可以按照自己的兴趣爱好自主进行选择和学习。同时，慕课模式打破了学校职业生涯规划教育与社会职业生涯发展之间的界限，使学生可以在网络平台上接受现实职业生涯发展的环境和问题，在真实经历中收获相应的职业生涯规划经验，缩小学校教育与社会发展的差距，满足学生职业生涯规划课程学习的需要。

1 慕课在大学生职业生涯规划教育中的应用

为了解慕课在大学生职业生涯规划教育中的应用现状，本次研究对北方工业大学建筑与艺术学院基于慕课开展的大学生职业生涯规划教育活动进行了针对性的调查研究。目前，该学院开展了包括平台开发、内容设计、教育活动开展和教育效果评价四方面内容的慕课应用方案，为学生通过慕课接受大学生职业生涯规划教育提供了支持。

1.1 建立职业生涯规划云课程平台

云课程平台是利用云计算、大数据、互联网等技术开发的，面向广大师生的职业生涯规划网络教育平台。该平台为师生提供了资源存储、信息通信、信息分享、内容聚合等现代化课程教育功能。同时，平台可以实现学生职业生涯规划课程学习数据的实时抓取和网络上传，为教师实时、动态掌握学生课程学习情况提供了有力的支持。辅导员通过"浩学就业云课堂"微信公众号定期向不同年级的不同学生推送与教学阶段相符的职业生涯规划相关课程、咨询，帮助学生了解学习职业生涯发展途径与动态。

1.2 设计职业生涯规划课程内容

职业生涯规划课程内容设计是为云课程平台"充血"的过程。在平台使用过程中，辅导员会根据学生慕课学习的情况，以及大学生职业生涯规划教育的实际情况，对课程的内容进行及时更新、完善，使云平台课程能够更好地契合学生职业生涯规划发展的需要。同时，学院会利用云课程平台的开放性和共享性,将本学院云课程平台的资源共享给兄弟学院的学生,并积极引进兄弟学院的优质生涯规划课程资源,充实云课程平台的内容,为学生掌握更多新知识、新技能提供相应的入口和内容支持。

1.3 开展职业生涯规划课程教育

职业生涯规划课程教育是师生等教育主体通过慕课进行相应课时的职业生涯规划课程教学与学习。不同年级学生对职业生涯规划课程有不同的需求。建筑与艺术学院针对每个年级阶段的学生量身定制了与其就学阶段相匹配的职业生涯规划课程。见表1。

表1 建筑与艺术学院生涯规划课程体系设置

年级	辅导主题	课程大纲	辅导重点
一年级	认知与试探	认识大学教育与规划大学生活、职业与人生、了解自我(性格与职业、技能与价值观)	自我认知
二年级	锚定与调整	认识工作世界	帮助行动
三年级	选择与承诺	生涯发展决策与目标、行动与成长	引导选择
四(五)年级	践行与坚持	校招辅导、面试辅导	提供支持

当然,为保证课程教育能够动态化地适应和满足不同年级学生不同阶段职业生涯规划教育的需要,学院、辅导员会开展相应的辅助性、协同性工作。例如,学院会通过辅导员、学生会、浩学新媒体工作室向学生讲解云课程平台的新功能及相应的操作方法,使学生能够享受科学、便捷的课程信息服务。同时,辅导员根据学生的课程学习情况,为其提供个性化的问题分析解答,使学生能通过课程真正掌握职业生涯规划的知识和技能。

1.4 实施职业生涯规划课程教育结果评价

职业生涯规划课程教育结果评价是学院、辅导员等课程教育主体通过云课程平台对学生的学习情况进行的结果测试和数据分析，是为了全面、深入地掌握学生的学习情况。在慕课教学中，学院要求学生在完成课程学习后，必须对课程进行评价或者对学习内容提出反馈意见，这样既掌握了学生云课程平台课程学习的进度，也了解了学生课程学习的效果。同时，该学院还组织专业的任课教师加入实时交流中，对学生在课程学习中遇到的问题进行解答、反馈、讨论，帮助学生解决遇到的问题。

2 慕课在大学生职业生涯规划教育中的应用效果

开展"慕课+大学生职业生涯规划教育"的目的在于提高高等院校大学生职业生涯教育的效果，使大学生真正掌握职业生涯规划的知识和技能，适应未来职场发展的要求。为了解北方工业大学建筑与艺术学院学生接受"慕课+大学生职业生涯规划教育"的真实效果，本次研究采用了问卷调查法和数据统计分析法，对建筑与艺术学院建学 15-1 班 26 名学生 2020 学年秋季学期的慕课学习情况及效果进行调查分析，具体效果分析如下。

2.1 学生课程点击量对比分析

2019 学年秋季学期初，建筑与艺术学院在"浩学就业微课堂"微信公众平台上共上传了大学生职业生涯规划理论、大学生职业生涯规划实务、大学生求职就业技巧三大主题共计 12 段视频，其中 1~6 段视频为大学生职业生涯规划理论，7~9 段视频为大学生职业生涯规划实务，10~12 段视频为大学生职业生涯规划技巧，各大主题的视频点击量见表 2。通过表 2 可以看出，大学生在慕课学习方面，更多的关注的是大学生职业生涯规划实务和求职就业技巧的内容。

表2　学生三大主题课程视频点击量对比

课程主题	点击量
大学生职业生涯规划理论	31
大学生职业生涯规划实务	46
大学生求职就业技巧	57

注：点击量是各视频点击量求和所得

2.2 学生慕课学习效果评价

在"你认为云平台上的职业生涯规划课程对你的职业生涯规划有用吗？"的问题调查中，有16位学生反馈非常有用，有8位学生反馈有较好的作用，有2位同学反馈云平台课程的作用不明显。通过这组调查数据可以看出，基于慕课的大学生职业生涯规划教育对多数大学生的职业生涯规划活动具有明显的促进作用，开展"慕课+大学生职业生涯规划教育"可以促进大学生职业生涯规划知识和技能的提高。

2.3 基于慕课的大学生职业生涯规划教育的优势

图1是关于"慕课+大学生职业生涯规划"模式的优点的调查结果，通过该图可以看出，慕课在大学生职业生涯规划教育中最明显的优势在于内容实用、可以互动交流。这说明慕课的教育方式迎合了学生对灵活、多样、实用的大学生职业生涯规划教育的迫切需求，并且能够给大学生带来更加实用的职业生涯规划知识和技能，切实提高学生的职业生涯规划素养。

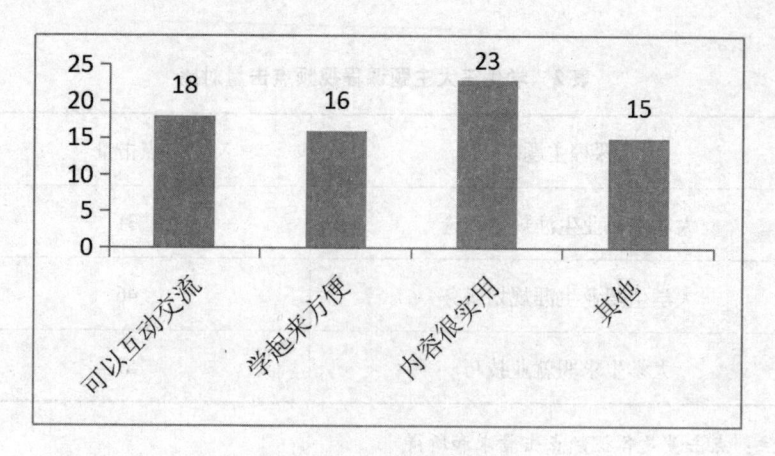

图 1　慕课的优势调查结果

2.4　慕课对大学生职业生涯规划思想和行为的影响

在关于"你觉得慕课给自己的职业生涯规划思想和行为带来的影响是否明显"的问卷调查中，有 16 位学生认为慕课改变了自己的职业生涯规划思想和行为，自己也经常参与到慕课的交流中；有 6 位学生认为慕课对自己职业生涯规划思想和行为的改变效果有限，自己偶尔会参与到课程的交流学习中；有 4 位学生认为慕课没有给自己的思想和行为带来改变，自己也没有参与课程的交流学习。据此可以看出，慕课对多数大学生职业生涯规划的思想和行为有明显的影响力。

3　创新慕课在大学生职业生涯规划教育中应用的策略

通过应用效果分析可以看出，北方工业大学建筑与艺术学院实施的以慕课为载体的大学生职业生涯规划教育在激发大学生职业生涯规划学习兴趣、增强大学生职业生涯规划能力、提高大学生职业生涯规划教育质量等方面具有积极且明显的效果。然而，在问卷调查和实际观察过程中发现，目前学校在慕课应用方面仍然有较大的提升空间，如慕课与学生职业生涯规划实践的结合度不够、学生参与慕课资源开发的积极性不高等。因此，学院要根据慕课开展的实际情况及学生职业生涯规划的现实情况寻求慕课的创新应用，提高大学生职业生涯规划教育的质量和效果。

3.1 关注大学生职业生涯规划教育的个性化需求

如何使慕课课程设计更好地与学生已有的思维方式和行为习惯融合是慕课在大学生职业生涯规划教育中的应用面临的难点和关键点所在。从行为心理学的角度来看，大学生只会对自己真正感兴趣的内容表现出强烈的学习欲望和学习行为。因此，在慕课资源开发过程中，学院和辅导员要高度关注大学生在职业生涯规划教育方面的需求，并将这些需求作为资源开发的重要参考依据，以此来保证最终开发的慕课课程能够深得学生的青睐。例如，针对部分学生大学生求职就业技巧主题中如何进行职场沟通交流这一话题的兴趣度比较高的实际情况，辅导员可以多录制一些关于职场沟通交流使用技巧的视频放在云课程平台上，供学生进行个性化的学习。

3.2 完善职业生涯规划网络学习平台

学院建立的职业生涯规划网络学习平台为学生提供了丰富的课程内容，并且迎合了学生碎片化、个性化的职业生涯课程学习特点和需要。然而，随着大学生职业生涯规划认知和实践的深入，仅靠目前平台的资源已然难以完全满足所有学习的需求。基于此，要采取积极完善的职业生涯规划网络学习平台策略，通过互联网技术打破以校园教育为主导的职业生涯规划教育屏障，将政府、企业乃至家庭吸纳到网络学习平台中，借助政府、企业和家庭的力量来弥补学校职业生涯规划教育的"短板"。例如，学校、学院可以为合作的企业开通相应的平台权限，使企业的导师能够随时接入到学习平台中，为学生传授职业生涯规划的实用技能；也可以通过微信平台与家长搭建交互式的渠道，使家长了解学生职业生涯规划课程学习的情况，从家长处了解学生职业生涯规划的想法，提高学校职业生涯规划教育的针对性和实效性。

3.3 推进职业生涯规划教育"双评"模式的实施

所谓职业生涯规划教育"双评"是指教师与学生之间围绕职业生涯规划教育活动进行双方的互评,以此帮助教师和学生了解自己教学与学习中的不足,促进双方的良好成长。鉴于当前主要实施的以学生为评价对象的职业生涯规划教育模式的实际情况,学校和学院要适当地引入学生评价,通过学生在云课程平台上为某一辅导员的课程写评语、打分等方式来反映辅导员在大学生职业生涯规划教育课程资源开发方面的能力和效果,以此督促施教者不断提高职业生涯规划指导的能力。例如,学校、学院两级教育主体可以月度为单位,对辅导员云课程的好评率进行统计和公布,督促那些好评率低的辅导员进行主动追赶。

结 语

"慕课+大学生职业生涯规划教育"是为适应大学生职业生涯规划发展的需要而进行的课程模式创新,其迎合了学生个性化学习与成长的需要。鉴于当前教育模式应用的实际情况,为更好地挖掘和发挥慕课在大学生职业生涯规划教育中的效果,校、院两级教育主体及辅导员要在关注大学生职业生涯规划教育的个性化需求的同时,通过完善职业生涯规划网络学习平台,用好、用巧微信公众号微博等慕课载体,以及推进职业生涯规划教育"双评"模式的实施等方式来丰富慕课教育的功能,使慕课在大学生职业生涯规划教育方面发挥更大的效果。

参考文献

[1] 李敏. 基于职业生涯规划的大学生创新创业教育研究 [J]. 兰州教育学院学报, 2019, 35 (12).

[2] 李杰, 赵里红. "双创"背景下的大学生职业规划探讨 [J]. 产业与科技论坛, 2019, 18 (20).

[3] 陈海均. 基于慕课背景下的高校就业指导课教学改革策略思考 [J]. 文教资料, 2015 (02).